重庆工商大学经济学院"重庆市经济学拔尖人才培养示范基地"与国家一流专业建设点系列成果

成渝地区双城经济圈人才协同发展研究

CHENGYU DIQU SHUANGCHENG JINGJIQUAN
RENCAI XIETONG FAZHAN YANJIU

宋瑛 刘斌 熊兴 ○ 著

西南财经大学出版社
Southwestern University of Finance & Economics Press

中国·成都

图书在版编目（CIP）数据

成渝地区双城经济圈人才协同发展研究/宋瑛,刘斌,熊兴著.—成都:西南财经大学出版社,2023.12
ISBN 978-7-5504-5938-0

Ⅰ.①成…　Ⅱ.①宋…②刘…③熊…　Ⅲ.①人才培养—研究—成都
②人才培养—研究—重庆　Ⅳ.①C964.2

中国国家版本馆 CIP 数据核字（2023）第 175777 号

成渝地区双城经济圈人才协同发展研究
CHENGYU DIQU SHUANGCHENG JINGJIQUAN RENCAI XIETONG FAZHAN YANJIU
宋瑛　刘斌　熊兴　著

责任编辑:李特军
责任校对:杨婧颖
封面供图:董潇枫
封面设计:何东琳设计工作室
责任印制:朱曼丽

出版发行	西南财经大学出版社（四川省成都市光华村街 55 号）
网　　址	http://cbs.swufe.edu.cn
电子邮件	bookcj@swufe.edu.cn
邮政编码	610074
电　　话	028-87353785
照　　排	四川胜翔数码印务设计有限公司
印　　刷	成都市火炬印务有限公司
成品尺寸	170mm×240mm
印　　张	16.25
字　　数	249 千字
版　　次	2023 年 12 月第 1 版
印　　次	2023 年 12 月第 1 次印刷
书　　号	ISBN 978-7-5504-5938-0
定　　价	98.00 元

前言

2020 年 1 月 3 日，习近平总书记在中央财经委员会第六次会议上作出推动成渝地区双城经济圈建设的重大决策部署，10 月 16 日，中央政治局审议通过《成渝地区双城经济圈建设规划纲要》。推动成渝地区双城经济圈建设被列入党的二十大报告"促进区域协调发展"部分，标志着以习近平同志为核心的党中央立足当前世界百年未有之大变局，将成渝地区双城经济圈建设作为我国区域经济发展新格局的又一重大战略布局。成渝地区进入建设中国"第四极"的新发展阶段。2023 年习近平总书记再次强调，"推动成渝地区双城经济圈建设，在西部形成高质量发展的重要增长极"。

人才是第一资源，是实现民族振兴、赢得国际竞争主动的战略资源，党的二十大报告提出深入实施人才强国战略，要求"加快建设世界重要人才中心和创新高地，促进人才区域合理布局和协调发展，着力形成人才国际竞争的比较优势"。高质量的人才协同发展是区域协同发展的基础支撑与关键抓手。在新时代新征程加快推进成渝地区人才协同发展，是成渝地区双城经济圈实现高质量发展的重要着力点。本书基于重庆市技术预见与制度创新专项人才工作重点课题"成渝地区双城经济圈人才协同发展规划研究"，旨在通过对成渝地区双城经济圈人才协同发展进行深入研究，厘清成渝地区双城经济圈人才发展现状，构建评价指标体系系统测度成渝地区双城经济圈人才发展耦合协调度，剖析人才协同面临的主要问题及制约因素，并提出推进成渝地区双城经济圈人才协同发展的具体政策建议。

本书的特点主要体现在以下几个方面：

理论与现实相结合，内容具有前沿性。本书融合当前关于区域协同、人才协同等方面的最新研究成果，反映了本研究领域的最新进展，反映了区域人才协同发展实践中的新成果，同时充分体现了党的二十大报告关于人才强国、科技强国的重大战略部署。本书重视加入现实案例分析，使本书的可读性更强，更能够与当前区域协同发展的现实相结合，为决策者提供可供借鉴的经验证据与决策参考。

理论基础扎实，逻辑思路清晰。本书对于成渝地区双城经济圈人才协同发展的研究先从其基础概念、基本理论、内涵要素等方面进行详细阐述，参考了大量最新的国内外文献，使得整个区域人才协同发展理论完备且新颖，为后续的研究提供扎实的理论基础。而后基于调查数据与调研资料，再从成渝地区双城经济圈人才协同发展的现状与问题着手，在分析借鉴国内其他城市群的发展经验的基础上有针对性地提出政策建议。整部著作围绕着"分析现状—发现问题—解决问题"的逻辑链条，环环相扣，结构清晰明了。

从数据出发，重视定量研究。本书收集了大量关于成渝地区双城经济圈的最新数据进行对比分析，包括但不限于人才数量、质量、结构、政策等方面的数据，进而使成渝地区双城经济圈两地人才协同发展的现状更加直观。同时为了更加客观地说明成渝地区双城经济圈人才协同发展存在的问题，本书在评价区域人才发展水平的基础上，运用耦合协调度模型综合分析成渝地区双城经济圈人才协同发展水平，并与京津冀、长三角等地区人才协同发展水平进行对比分析，积极探究当前成渝地区双城经济圈存在的问题及短板。

突出对比，取长补短。为了更加清晰地说明成渝地区双城经济圈人才协同发展的状况，本书梳理了我国京津冀城市群、粤港澳大湾区、长三角地区的人才协同发展政策并对三大城市群的人才发展特色和经验进行综合分析。在此基础上，将成渝地区双城经济圈与三大城市群进行比较，总结归纳适用于成渝地区双城经济圈人才协同发展的政策与经验，试图从更高层次、更宽视角为成渝地区双城经济圈推进人才协调发展建言献策。

在本书出版之际，特别感谢对本书写作提出宝贵意见与大力支持的各位学者。希望通过这本书的出版，为区域人才协同发展的政策制订提供具有价值的决策参考，为推动成渝地区双城经济圈建设走深走实贡献绵薄之力。

最后，由于著者学识有限，本书难免存在错漏之处，恳请各位专家、学者和广大读者批评指正，以便使本书得以不断充实和完善。

宋瑛

2023 年 3 月

目录

第一章 导论

第一节 问题的提出

成渝地区双城经济圈位于西南腹地,联接"一带一路"和长江经济带,是我国西部地区人口最密集、现代产业基础最雄厚、市场空间最广阔、开放度最高的区域。2020年1月3日,习近平总书记在中央财经委员会第六次会议上作出推动成渝地区双城经济圈建设的重大决策部署,标志着成渝城市群建设迈入了新阶段,是中央立足于当前世界百年未有之大变局下对我国区域经济发展新格局的精准研判,是我国区域协调发展的又一重大战略布局。2020年10月16日,中央政治局审议通过《成渝地区双城经济圈建设规划纲要》[①](简称《纲要》),明确提出全面落实党中央决策部署,突出重庆、成都两个中心城市的协同带动,注重体现区域优势和特色,使成渝地区成为具有全国影响力的重要经济中心、科技创新中心、改革开放新高地、高品质生活宜居地,打造带动全国高质量发展的重要增长

---

① 中共中央、国务院印发《成渝地区双城经济圈建设规划纲要》http://www.gov.cn/zhengce/2021-10/21/content_ 5643875.htm.

极和新的动力源。《纲要》同时强调成渝地区应牢固树立一盘棋思想和一体化发展理念，健全合作机制，打造区域协作的高水平样板。人才是支撑引领经济圈建设的战略资源，加强人才集聚与人才协同发展是构筑"双城"新优势的重要前提。习近平总书记在中央财经委员会第六次会议上强调要促进产业、人口及各类生产要素合理流动和高效集聚，这为成渝地区双城经济圈人才协同发展指明了方向。2023年1月，重庆市建设成渝地区双城经济圈工作推进大会召开，明确提出把成渝地区双城经济圈建设作为重庆"一号工程"。把成渝地区双城经济圈建设国家战略向纵深推进，是加快建设现代化新重庆的重要抓手。新形势下，促进成渝地区双城经济圈区域协调发展的首要任务是推动实现人才协调发展、协同共用，推动形成有梯度的人才分级和各自区域的比较优势。

党的二十大报告提出要深入实施科教兴国战略、人才强国战略，不断塑造发展新动能新优势，强调人才是全面建设社会主义现代化国家、推进高质量发展的基础性、战略性支撑。当前新一轮科技革命正在加速重构全球创新版图、重塑全球产业链条和经济结构，人才已成为实现经济高质量发展，赢得国际竞争优势地位的重要战略资源。长期以来，党的相关文件都把人才资源表述为经济社会发展的第一资源，突出了人才在经济社会发展中所处的特殊位置和极端的重要性。党的十九大报告把人才工作放到党和国家工作的重要位置，提出了"人才是实现民族振兴、赢得国际竞争主动的战略资源"的重要论断。这是人才工作的新定位，是人才工作地位和作用的新论断。习近平总书记在党的二十大报告中再次强调要加快建设世界重要人才中心和创新高地，促进人才区域合理布局和协调发展，着力形成人才国际竞争的比较优势；加快建设国家战略人才力量，努力培养造就更多大师、战略科学家、一流科技领军人才和创新团队、青年科技人才、卓越工程师、大国工匠、高技能人才；加强人才国际交流，用好用活各类人才。

　　成渝地区双城经济圈是西部经济基础最好、经济实力最强的区域之一，人力资源丰富，创新创业环境较好，未来发展空间和潜力巨大。近年来成渝地区双城经济圈人才队伍规模与质量持续提升。截至 2021 年年底，川渝两地人才资源总量 1 655 万人，人才密度为 55.8%，高层次人才正加快集聚。成渝地区人才激励机制明显，人才创新能力不断提升，专利、论文数量跨越式增长，创新成果不断涌现，2021 年规模以上工业企业 R&D 项目数 46 442 项，国内专利申请授权数 223 142 个，R&D 人员稳步增长。平台建设不断加强，产业聚才能力快速提升，成渝地区拥有普通高校 189 所，其中重庆市 69 所，四川省 15 个城市共 120 所①，其中 10 所高校、18 个学科进入国家"双一流"建设范围，全国第四轮学科评估成渝地区高校 A 类学科 35 个，国家级科研平台 217 个，中央在地院所 16 家、省级科研机构数量 362 个。成渝两地人才交流频繁，人才合作内容迅速深化，从成渝两地人才流动看，重庆与成都人才流动频繁，分别占据对方外地人才来源的首位。近年来，成渝地区各级党委政府高度重视人才工作，抢抓共建长江经济带发展、新时代西部大开发等战略机遇，发展势头强劲，对科技人才等要素已有较强吸引力。但对标国家战略和高质量发展要求，对标世界级城市群建设和"两中心两地"目标，两地人才协同发展还存在差距。

---

　　① 本书各城市的高校资源数据是根据教育部发布的截至 2021 年 9 月 30 日的《全国普通高等学校名单》整理得到。

基于此，本研究通过对成渝地区双城经济圈人才协同水平进行系统测度与现状研究，对标对比国内外发达地区经验做法，剖析成渝地区双城经济圈人才协同发展的短板与不足，并提出推进成渝地区双城经济圈人才协同发展的对策建议。

第二节　研究意义

重庆和成都作为西南地区两大国家级中心城市，是我国经济最具活力和创新力、人才资源集聚力最强的地区之一，也是全国创新资源最为密集、最具发展潜力的地区之一。川渝两地历史同脉、文化同源、地理同域、经济同体，推动人才协同发展，不仅具有良好的经济、社会、文化和工作基础，更是落实双城经济圈建设战略部署、优化区域人才发展布局的迫切需要。作为一项重要的国家战略，成渝地区双城经济圈建设有利于在西部形成高质量发展的重要增长极，打造内陆开放战略高地，而人力资源是其支撑性条件之一，人才协同发展是区域协同发展的重要抓手与基础支撑。对成渝地区双城经济圈人才协同水平进行系统测度与现状研究，从而提出推动人才协同发展的政策措施与发展规划，对促进成渝地区双城经济圈一体化建设与高质量发展具有重要的战略意义。

一、成渝地区人才协同发展是推动双城经济圈建设的重要保障

成渝地区双城经济圈建设上升为国家战略，意味着成渝地区双城经济圈将作为我国西部高质量发展的重要增长极，参与新一轮全球合作与竞争。2021年，成渝地区双城经济圈经济总量超过7万亿元、占全国比重为6.5%、占西部地区比重为30.8%。但是，无论与美国东北部大西洋沿岸城

市群、北美五大湖城市群等世界五大城市群相比，还是与国内长三角、京津冀、粤港澳大湾区相比，成渝地区双城经济圈的经济规模与之都有很大差距。测算表明，如果成渝"双核"保持6%以上的增速，其有望在2032年前后接近或赶上英伦城市群、欧洲西北部城市群的经济规模。成渝地区要成为世界级城市群，必须充分发挥人才引领发展的决定性作用，以一流的创新资源特别是一流人才的高度聚集，加快提升供给体系质量，推动区域经济发展迈入高端。

二、成渝地区人才协同发展是赢得区域人才竞争战略主动的必由之路

2019年，川渝电子信息、装备制造（含汽摩）产业规模分别达到1.5万亿元、1.4万亿元，食品饮料、能源化工、先进材料产业规模接近1万亿元，数字经济、装备制造等产业发展迅速、潜力巨大，基本形成以电子信息和装备制造为主导、在细分领域又各有擅长的产业体系。截至2021年9月成渝地区现有普通高校189所，其中重庆69所，四川省15个城市共120所①，科教资源丰富、互补性强。加强川渝合作形成整体优势，有利于共同争取国家投入支持，推动更多国家重大项目、平台、政策落地川渝，促进人才、项目、资金等要素加快融入，成为科技创新策源地、新兴产业聚集地。

三、成渝地区人才协同发展是提升区域人才发展治理水平的现实需要

1997年川渝分治之后，两地深度合作不够甚至竞争大于合作的现象是客观存在的。比如，成都、重庆均以电子信息和汽车制造为支柱产业，能

---

① 本书各城市的高校资源数据是根据教育部发布的截到2021年9月30日的《全国普通高等学校名单》整理得到。

够形成上下游较为完备的产业链，但在产业协同上还缺乏有效布局，人才需求存在竞争关系，人才政策相互博弈甚至激烈竞争。受市场驱动的成渝地区区域间人才流动已趋于常态化，但由于体制障碍、服务分割等问题，区域内人才流动的制度性成本较高，影响了人才资源的配置效率和发展绩效。在成渝地区双城经济圈建设上升为国家战略的背景下，成渝地区需要借鉴世界级城市群协同发展机制，完善区域人才发展治理体系，促进人才资源在区域内高效配置，以人才合作促进区域协调发展。

第三节　研究思路与研究内容

一、研究思路

本研究基于"问题提出——理论分析——现状分析——实证分析——问题分析——案例分析——对策分析"的逻辑思路展开分析。首先，在政策背景、理论背景和现实背景的基础上提出本研究研究问题；其次，在理论基础和文献梳理的基础上构建全书的理论分析框架；然后，将理论分析框架分解为多个维度进行现状和实证分析，在现状分析中运用熵权 TOPSIS 方法对成渝地区双城经济圈人才发展水平进行综合评价，在实证分析中运用耦合协调度模型对成渝地区双城经济圈人才协同度进行了分析，并与京津冀和长三角地区进行了对比分析；之后，梳理国内典型城市群的人才协同发展的经典案例，并剖析其在区域间人才协同发展方面的成功做法；最后，在理论分析、现状分析、实证分析以及案例分析的基础上，对当前成渝地区双城经济圈人才协同发展方面存在的问题进行归纳总结，并形成有针对性的解决方案。

二、研究内容

第一章：绪论。该章节在介绍研究背景和研究意义的基础上提出了研究问题，通过对技术路线、章节安排以及研究方法的说明架构了全书的分析框架与思路，并对研究创新点与不足进行了阐述。

第二章：理论基础与文献综述。该章节围绕区域人才协同发展所涉及的主要理论观点，对国内外相关研究文献进行了梳理，并从研究角度、研究方法、研究范围等方面加以评述；在理论基础方面，从协同理论出发，以中国特色社会主义政治经济学的理论与方法为基础，充分借鉴公共服务理论、人力资本理论、跨区域公共治理理论等有益思想，构建了区域人才协同发展的理论依据。在理论基础与文献综述的基础上，本章对区域人才协同发展的基本概念进行了界定，阐释了区域人才协同发展的目标与内容，并在此基础上建立了区域人才协同发展的理论分析框架。

第三章：成渝地区双城经济圈人才协同发展的现状分析。该章节从人才资源的规模与质量、人才资源的分布特征、人才培育及引进现状、人才服务与管理现状等维度分析了成渝地区双城经济圈人才协同发展的现状水平，并与京津冀、长三角、粤港澳大湾区等城市群的人才协同发展进行了对比分析，为进一步挖掘成渝地区双城经济圈人才协同发展存在的问题提供了数据支撑。

第四章：成渝地区双城经济圈人才发展水平及协同度分析。该章节本部分主要包括两方面内容：一是从人才规模、人才质量、人才投入、人才产出、人才环境等维度评价区域人才发展水平；二是测度区域人才协同发展程度。具体来看，本章在评价区域人才发展水平的基础上，运用耦合协调度模型综合分析成渝地区双城经济圈人才协同发展水平，并与京津冀、长三角等地区协同发展水平进行对比分析，探究当前成渝地区双城经济圈人才协同发展存在的问题及短板。

第五章：成渝地区双城经济圈人才协同发展的政策及问题分析。该章节梳理了成渝两地在人才引培、人才评价、人才使用、人才服务和人才管理等方面的政策协同程度展开比较分析,以期总结两地在人才协同方面的成效经验和发现短板和不足。在此基础上,本章对成渝地区双城经济圈在人才协同发展基础、人才与产业协同能力、人才平台协同聚才能力、人才协同政策体制机制和人才服务协同等方面存在的问题进行了剖析。

第六章:对国内外主要城市群人才协同发展的经验借鉴。该章节总结梳理了京津冀、长三角和粤港澳大湾区等国内发达城市群和美国、欧洲等发达国家和地区人才协同发展的政策体系及经验借鉴,通过对成渝地区双城经济圈与三大城市群人才政策的比较分析,总结了三大城市群人才发展的经验与成渝地区的比较优势,为提出成渝地区双城经济圈人才协同发展的对策建议提供了现实参考和政策素材。

第七章:成渝地区双城经济圈高等教育与人才培养协同。该章节首先从高校数量分布和高校办学水平角度,分析了成渝地区各城市的高等教育资源分布情况;其次,从城市经济实力、教育基础、文化氛围和高等教育资源等角度,利用熵值法对成渝地区双城经济圈高校资源分布和高等教育发展基础实力进行了测算和比较;最后,提出了推动成渝地区双城经济圈高等教育一体化,实现人才培养协同,提升成渝地区高等教育综合竞争力的对策建议。

第八章:成渝地区双城经济圈人才协同发展的实现路径。该章节基于前文的研究发现和国内外发达城市群人才发展经验,提出了成渝地区双城经济圈人才协同发展的目标与思路,并从人才品牌、人才服务、人才生态、产才融合、人才平台、人才培养和激励、保障机制等角度,提出了未来推动成渝地区双城经济圈人才协同发展的对策建议。

第九章:成渝地区双城经济圈人才协同发展的项目建议。在前文对成渝地区双城经济圈人才协同发展的理论分析、实证分析和政策分析的基础上，为发挥本研究的咨政作用，研究团队依据《成渝地区双城经济圈建设规划纲要》和《成渝地区双城经济圈人才协同发展战略合作框架协议》精神，提出了成渝地区双城经济圈人才协同发展的项目实施建议。本部分主要包括：品牌建设和平台建设两大工程，以及人才招揽、人才服务、人才生态、产业英才、技能英才、青年英才、科创英才和人才帮扶等八大专项。

第四节 研究方法与技术路线

一、研究方法

1. 理论分析与实证分析相结合

本研究通过文献梳理、理论溯源对区域人才协同发展的概念、内涵、特征进行理论分析，试图回答成渝地区双城经济圈人才协同发展"是什么""为什么""如何协同"和协同发展的目标等问题；通过熵权 TOPSIS、耦合协调度模型等实证方法对成渝地区双城经济圈人才协同发展水平和协调度进行实证分析。实证分析三峡库区基本公共服务供给总量、供给结构、供给效率和供给质量，试图回答成渝地区双城经济圈人才协同发展水平、结构、质量如何，问题何在等。

2. 逻辑分析和比较分析相结合

在逻辑分析方面，本研究基于目标导向，提出了成渝地区双城经济圈人才协同发展的目标与思路；基于问题导向，剖析了成渝地区双城经济圈在人才协同发展基础、人才与产业协同能力、人才平台协同聚才能力、人才协同政策体制机制和人才服务协同等方面存在的问题。在比较分析方面，本研究从横向和纵向两个维度比较分析成渝地区双城经济圈人才协同发展情况，横向比较分析了成渝地区与京津冀、长三角以及粤港澳大湾区的人才协同发展水平、政策及协调度；纵向比较分析了 2010—2020 年成渝地区双城经济圈人才协同发展状况。

3. 总量分析与结构分析相结合

本研究从横向和纵向分析了成渝地区双城经济圈人才协同发展现状，并构建了区域人才发展水平评价指标体系，运用熵权 TOPSIS 方法客观评价了成渝地区与京津冀、长三角人才发展水平；结构上分析了成渝地区双城经济圈人才数量与质量、投入与产出以及环境等指标的内容结构和空间结构。

4. 统计数据分析与社会调研相结合

在统计数据分析方面，本研究基于成渝地区双城经济圈 2010—2020 年统计数据，通过构建区域人才发展水平评价指标体系，运用熵权 TOPSIS 方法客观评价成渝地区与京津冀、长三角人才发展水平和耦合协调度水平。在社会调研方面，本研究选取成都市、遂宁市、宜宾市、广安市，重庆市两江新区、江北区、渝北区、南岸区、万州区、涪陵区等人才密集区域作为调研样本，通过实地调研成渝地区双城经济圈人才发展情况，发现存在的问题。

二、技术路线

本研究基于"问题提出——理论研究——现状研究——实证研究——问题研究——案例借鉴——对策研究"的技术路线和逻辑思路展开。技术路线如图 1-1 所示。

图 1-1 技术路线

第五节　可能的创新

第一，作为国内第一部系统性研究主要城市群区域人才协同发展问题的专著，进一步拓展了人才理论和区域协同理论的研究。人才协同是区域协同发展的基础，本书坚持问题和需求导向，基于大量数据与计量分析，深入剖析成渝地区双城经济圈人才规模、人才质量、人才投入、人才产出、人才环境、人才政策以及人才协同度等发展情况，并在系统比较京津冀、长三角、粤港澳大湾区人才培育与引进、人才使用与流动、人才服务与权益保障、人才管理等人才政策体系，以及借鉴美国区域高等教育协同发展和欧洲地区人才培养协同发展的经验基础上，提出成渝地区双城经济圈人才协同发展面临的问题及详细的解决方案。本书还从跨行政区域视角对人才协同发展进行深入研究，丰富了人才理论、区域协同理论和跨区域公共治理的研究体系。

第二，提出成渝地区双城经济圈人才协同发展的实现路径与解决方案，为成渝地区双城经济圈人才政策制订与区域高质量发展提供政策参考。党的二十大报告将教育、科技、人才作为一个专章部署，突出强调"教育、科技、人才是全面建设社会主义现代化国家的基础性、战略性支撑"，明确提出"必须坚持科技是第一生产力、人才是第一资源、创新是第一动力，深入实施科教兴国战略、人才强国战略、创新驱动发展战略，开辟发展新领域新赛道，不断塑造发展新动能新优势"。本书以党的二十大精神为指引，通过梳理京津冀、长三角和粤港澳大湾区等城市群人才协同发展的政策体系及成功经验，通过测度成渝地区双城经济圈人才协同发展度，提出成渝地区双城经济圈人才协同发展的对策建议和保障机制，为推动成渝地区双城经济圈高质量发展提供了政策参考。

第二章　理论基础与文献综述

第一节　区域人才协同发展的内涵界定

一、区域人才协同发展的相关概念

（一）人才

在我国人才学成为一门学科后，学术理论界对人才内涵、本质属性、特征等方面进行了广泛深入研究，形成了具有代表性的观点。王通讯（1985）认为，人才就是指为社会发展和人类进步进行了创造性劳动，在某一领域、某一行业或某一工作上做出较大贡献的人[①]。罗洪铁（2000）认为，人才是指那些具有良好的内在素质，能够在一定条件下通过取得创造性劳动成果，对社会进步和发展能产生较大影响的人[②]。叶忠海（2005）认为，人才是指在一定社会条件下，具有一定知识和技能，能以其创造性劳动，对社会或社会某方面的发展，做出某种较大贡献的人[③]。《辞海》对

---

① 王通讯.人才学通论［M］.天津：天津人民出版社，1985
② 罗洪铁."人才"含义之商榷［J］.人才开发，2000（7）：24-25.
③ 叶忠海.新编人才学通论［M］.北京：蓝天出版社，2005.

人才的定义是："德才兼备"的人；有某种特长的人。人们把品德高尚、才能优秀的人统称为人才。2010 年国务院发布的《国家中长期人才发展规划纲要（2010—2020 年）》对人才进行了官方界定，指出人才是指具有一定的专业知识或专门技能，进行创造性劳动并对社会做出贡献的人，是人力资源中能力和素质较高的劳动者。人才是我国经济社会发展的第一资源。这一界定与人才学理论研究者对人才的认识基本一致。

本研究对人才的界定是从一般性人才的角度进行的，人才的本质性内涵由三部分构成：一是具有一定的知识、技能或良好的内在素质，这是人才的基础性要件；二是进行了具有创造性特征的劳动，这是人才知识技能、内在素质外化的重要途径；三是具有一定的社会贡献性，这是人才知识技能和创造性劳动外化的成果，也是人才的终极目标。即，人才是具有一定的知识或技能，进行创造性劳动并做出贡献的人，是人力资源中能力素质较高的劳动者，是经济社会发展的第一要素。

（二）区域协同发展

"协同"一词来自古希腊语，意为"协调合作之学"。协同学于 20 世纪 70 年代初被提出，其代表人物是德国理论物理学家 Haken。Haken（1973）在研究激光理论的基础上，揭示了开放系统由低级到高级、由混沌到有序，又从有序到混沌等变化的运动机理与规律，他认为自然界和人类社会的各种事物普遍存在有序、无序的现象，在一定条件下，有序和无序之间会相互转化，无序就是混沌，有序就是协同，这是一个普遍规律①。

---

① HAKEN H. Synergetics：Cooperative Phenomena in Multi：Component System ［M］. Wiesbaden：Vieweg Teubner Verlag, 1973.

在此基础上的区域协同是由于城市与区域的空间生产关系转变，为控制和协调二者关系而衍生的区域治理结构[①]（张京祥 等，2011），其最终目的是打破区域壁垒，解决主体间的发展矛盾，提升区域核心竞争力[②]（国子健 等，2020）。随着我国城镇化快速发展进入新的阶段，区域协同发展成为国家、区域以及城市治理的重点政策议题。而区域协同发展不仅是区域内部社会、经济和生态子系统的协同，更是区域之间的协同[③]（何天祥等，2022）。魏丽华（2019）认为区域协同发展本质上是经济领域相互作用、城市群之间经济联系不断增强的过程[④]。陈浩和罗力菲（2022）从政策内涵的角度来定义区域协同发展，认为区域协同发展具有协调、同步、竞合三层含义[⑤]。目前对区域协同发展的内涵界定并不多，本研究在综合理解"协同""区域发展"的基础上，根据协同理论、地域分工理论、要素禀赋理论等相关理论，认为区域协同发展是指不同区域之间以及各区域内部之间，基于共同的发展目标所形成的一种自发协作、合力推进提高区域核心竞争力的一个动态发展过程。

由区域协同发展产生的区域协同效应，会对各次级区域形成激励，有利于提高次级区域专业化生产和相互协作的积极性，使分散的局部地区优

---

① 张京祥，耿磊，殷洁等.基于区域空间生产视角的区域合作治理：以江阴经济开发区靖江园区为例 [J].人文地理，2011，26（1）：5-9.

② 国子健，钟睿，朱凯.协同创新视角下的区域创新走廊：构建逻辑与要素配置 [J].城市发展研究，2020，27（2）：8-15.

③ 何天祥，刘迪，黄琳雅等.高铁对区域协同发展的影响机理：基于 2005—2019 年湖南省经验证据 [J].经济地理，2022，42（5）：95-103.

④ 魏丽华.城市群协同发展的内在因素比较：京津冀与长三角 [J].改革，2017，（7）：86-96.

⑤ 陈浩，罗力菲.区域协同发展政策对要素流动与配置的影响：京津冀例证 [J].改革，2023，（5）：1-19.

势转化为叠加的综合经济优势，增强区域经济的发展活力，进而促进区域产业分工的进一步深化，形成区域分工与协同发展的良性循环，因而适用于区域经济的研究。区域协同发展受到系统控制参量的影响和序参量的支配作用，产业一体化、要素市场一体化、制度一体化是区域协同的序参量，也是区域协同的重要约束因素。全面深化改革、加快制度创新，是推进区域协同发展的根本动力，区域协同发展还需从系统控制参量入手，创造协同发展的基础条件。

（三）区域人才协同发展

党的十九届四中全会审议通过的《中共中央关于坚持和完善中国特色社会主义制度、推进国家治理体系和治理能力现代化若干重大问题的决定》，在论述我国社会制度十三个"显著优势"时，强调"坚持德才兼备、选贤任能，聚天下英才而用之，培养造就更多更优秀人才的显著优势"。党的二十大报告指出，"必须坚持人才是第一资源"，这为未来我国人才事业发展进一步指明了方向、提供了根本遵循，也充分体现了我国人才工作在社会主义现代化建设事业中的战略支撑作用。近年来，我国各地加快人才制度和政策创新，人才流动和配置效率不断提高，能否集聚人才成为衡量区域是否具有竞争优势的重要标尺。为了更有效地吸引高端人才和急需人才，"抱团引才"的区域人才协同发展逐渐发展为各地引才新模式。

人才作为第一生产要素，对其他要素具有巨大的带动性作用①（邸晓星和徐中，2016），加强区域人才协同发展将有利于提升整个区域的核心

① 邸晓星，徐中. 京津冀区域人才协同发展机制研究［J］. 天津师范大学学报（社会科学版），2016（1）：37-45.

竞争优势。人才协同发展是区域协同发展的重要部分，是指一定区域内的多元主体通过协作互助的方式实现人才的共引共育、共享共用，破除阻碍人才流动的机制，加强区域人才交流与合作以发挥人才资源的最大效用，提高区域引才效率且具有参与主体多元化、协同内容多面化等特点的各类创新举措。

二、区域人才协同发展的主要内容

人才协同发展的基本要素，可从人才资源特性来划分。人才是第一资源，是实现民族振兴、赢得国际竞争主动的战略资源。作为发展的重要因素，人才资源流动配置必然遵循社会主义市场经济规律；作为创新主体，人才的积极性与能动性必须在发展过程中得到有效调动和发挥。

（一）战略协同

作为战略资源的人才，因其稀缺性，在城市间天然存在竞争关系。因此，成渝地区双城经济圈人才协同必须更好地发挥政府作用，从战略上对人才资源的分布进行科学引导。人才战略协同，重点有三个方面：一是从政府层面达成人才战略协同意识。政府是规则制定与制度建设的主体，成渝地区双城经济圈要充分发挥政府的主体作用，加快推进人才政策的对接和衔接，破除人才合作发展的制度性障碍，积极探索区域人才合作开发新政策，努力形成相对统一的人才引进、培养等标准与政策，为区域人才市场建设提供统一的服务标准。二是促进人才资源共享。人才协同发展必须打破人才"专属权"这一封闭思维，要最大限度地发挥人才资源价值，最大限度地提升人才对区域整体发展的贡献率，最大限度地实现人才自我价值。三是促进城市合作引才。高层次人才的集聚需要完备的人才生态环境为支撑，单一城市往往难以具备满足各种人才个性化需求的条件，成渝地区双城经济圈的城市多样性正好契合了人才生态发展需求，通过城市优势互补，增强全球人才吸引力，使之成为全球高端人才"磁力场"。

（二）市场协同

成渝地区双城经济圈人才协同发展需营造良好的市场环境，充分发挥市场在人才资源配置中的决定性作用，促进人才资源在区域内顺畅流动，以达到人尽其才、才尽其用。人才资源配置是一个复杂的社会系统工程，其核心是构建和完善人才市场机制。但人才供求机制、价格机制和竞争机制的有效性，不仅取决于人才市场自身运作的规范、精确和效率，还受到人才开发、人才流动的社会保障、行业竞争态势等社会机制的深刻影响。现阶段，成渝地区双城经济圈人才资源市场配置总体效能不高，因此，在大力实施人才市场自身建设的同时，成渝地区双城经济圈各方面必须统筹一致，共同推进人才市场协同发展，从根本上打破不利于人才合理流动的各种机制束缚。其中的重点是创新人才资源配置方式和机制，改革不合时宜的约束机制，构建市场化人才资源配置模式，共建共享人才资源服务业，提高人才资源配置效率。

（三）创新协同

充分激发人才创新活力是推动成渝地区双城经济圈实现人才协同发展的关键，作为创新主体的人才资源，其协同要素是创新，协同目标是实现人才价值，或表现为营造有利于人才创新创业的内外环境。人才创新协同，重点有三方面：一是遵循人才成长规律，在人才资源配置规律中，人才成长有其独特规律。实践已充分证明，若能按人才成长规律进行资源配置，就更能让人才发挥创新作用。二是保障人才利益均衡，激发人才创新热情。古语有言，"是马也，虽有千里之能，食不饱，力不足，才美不外见"。人才的创新发展离不开物质、精神等方面的保障，让各类人才得到应有的报酬和待遇，能最大程度地发挥其创新力量。三是人才管理由管理向协同治理的转变。人才管理需要从管理向协同治理过渡，摆脱单纯依赖政府的意识和作风，努力寻找国家、市场、第三方等多主体协同因素，积极创新人才协同发展机制，最大限度地实现协同主体共赢、价值共享，激发人才创新活力，实现人才效用的最大化，构建区域的互补增益的人才协同发展新局面。

三、区域人才协同发展的特点

区域人才协同发展是指一定区域内的多元主体通过协作互助的方式招才引智，以提高区域引才效率的创新举措。随着实践的发展，人们认识到区域人才协同发展比单打独斗具有更为明显的竞争优势，因此区域人才协同发展逐渐成为备受地方政府和企业青睐的引才方式，并呈现出以下特点：

（一）参与主体的多元性

区域人才协同发展的雏形是一些规模偏小、研发能力较弱、产业竞争力不强的企业，面对引才不够精准、投入大风险高、引进人才成活率低等问题，而形成的相互帮助、相互照应的"自发联盟"。随着经济社会发展的需要，人才的重要性日益凸显。为提高吸引人才的数量和质量，区域人才协同发展不再仅仅是某些企业自发的行为，而是逐渐发展为同一城市不同企业之间的抱团，不同城市企业之间的抱团，政府主管部门与企业、人才服务和咨询机构的抱团，由此形成了区域人才开发的共同体。2019年9

月闽西南五市共同签订《闽西南区域人才合作框架协议》。合作的亮点之一是创新拓展市场化引才路径，联合国内外知名人力资源机构共同开展引才活动，共建区域性人才资源配置中心。这种由多元主体构成的共同体，实现了跨界协作，扩大了区域人才协同发展的规模，创新了区域人才协同发展的形式，对于实现区域内资源共享和优势互补，促进人才政策的协调、人才制度的衔接和人才服务的贯通起到了积极的作用。

（二）协作内容的多面性

区域人才协同发展的实践，已从单纯的联合招聘发展为人才资源开发的多方面合作。区域人才协同发展主要通过沟通、协商、互助、共享等协作方式实现政策优化和项目建设的一体化，促进了区域资源的合理配置，推动了各地人力资源服务升级，从而形成"智力强磁场"，吸引人才、项目、资本、技术的汇聚。在区域人才协同发展的过程中，相关区域通过不断完善的政策，数据的共通共享，人才服务的一体化，不仅增强了企业影响力和区域产业链对人才的吸附力，还为人才市场注入了活力。例如，2019 年 6 月，《长株潭城市群人力资源市场一体化行动方案》启动，力求搭建三市数据共享、互联互通的人力资源公共服务一体化信息平台。区域人才协同发展作为推动人力资源服务升级的新尝试，有助于地方政府和相关服务机构为市场提供个性化、多元化、一揽子、一条龙的人才服务，完善人才服务产业链，从而产生城市、人才、区域的良性联动效应。

（三）目标定位的拓展性

区域人才协同发展的初始阶段，其主要目标就是更有效地为企业招聘到所需要的人才。党的二十大报告提出了实施就业优先战略，强化就业优先的一系列战略任务，要夯实就业优先政策，健全就业促进机制，促进高质量充分就业。在这种新形势下，区域人才协同发展在规模扩大的同时，目标定位也得到拓展。在实践中，长三角多地建立了就业创业协作联盟，联合举办面向长三角地区高校大学生的招聘会，通过高校、园区、社区的互联互通。加强青年大学生的创业合作。区域人才协同发展可以提供更多的就业机会，促进不同类型、不同层次的人才有效充分就业，特别是高校毕业生、农民工、退伍军人等重点群体的就业。在这个意义上可以说，区域人才协同发展在促进就业方面发挥着更大的作用。

（四）人才集聚的空间性

空间是人类进行实践活动的区域。在社会发展中，人才向某一区域集聚是一种历史现象。人才的聚集效应是指人才在一定规模上的集聚使其发挥超过各自独立作用的加总效应，并产生吸引更多人才向本地区流动的向心力，形成规模。人才集聚一旦形成，就会对经济发展产生长期而重大的影响。区域人才协同发展就是一种促进区域人才集聚的新形式。人才的成长离不开特定的时空条件，人才的成长过程是人与空间互动的实践过程。区域人才协同发展体现了用人主体开始注重人才的空间开发，这种空间意识的自觉形成和发展，对于形成区域人才集聚具有积极的推动作用。例如，粤港澳大湾区总体人才虹吸效应明显。为了增加对人才的吸引力，区域人才协同发展通过政策抱团、活动抱团、使用抱团等新举措，创新人才体制机制，打破人才政策壁垒，不但拓展了人才个体成长成才的空间，而且从整体上加速了区域人才的集聚，促进了人才集聚效应的发挥。

第二节　区域人才协同发展的理论基础

一、协同理论

协同理论在自然科学和社会科学领域均得到了广泛的应用，尤其在经济学优化资源配置方面的研究发展过程中，协同效应直接且有力地揭示了多个单项资产或资源通过有序组合与优势互补，实现了整体资产或资源的价值最大化。从总体发展角度来看，不同国家的发展水平、发展程度以及发展方向均不相同；从个体发展角度而言，世界任何国家内部均存在发展不平衡、贫富差距过大的问题。协同理论为解决世界各国面临的区域间、区域内发展不平衡问题找到了出路。

协同理论的观点也体现了事物处于不断发展过程的哲学思想。不同物质相互联系与沟通，使得旧事物向新事物进行转化，驱动着各物质因子此消彼长、交融黏合、共同衍化，从而实现创新发展。区域协同思想是在协同学概念的基础上引申出来的。区域协同是指各区域之间由于初始禀赋和比较优势的差别，在效益最大化思想的指导下，通过有序的分工合作使区域内所有协同主体整体利益最大化，进而实现区域各主体之间通过协调与协作产生整体效应，推动整个区域共同发展。协同理论主要包括三个基本原理：

（一）协同效应原理

协同效应是指由于协同作用而产生的整体效应或集体效应，其效果是由复杂开放的大系统中大量子系统相互纠缠、相互作用而产生的。协同效应的成果不仅是达到资源有序堆叠而满足的 1+1=2，更是多种资源相互联结，进而各取所长、各显特色所带来的溢出效果，即 1+1>2 的价值生成与创造。若在一个系统内，各种子系统（要素）各行其是，甚至损人利己，皆以自身利益最大化为首要目标，不顾其他子系统的利益与发展，则该系统必然陷入凌乱无序的状态，最终导致整体性功能瓦解。相反，若系统中各子系统（要素）能够互有默契、相互配合、达成一致，多种力量同频共振，则可形成整体大于部分之和的效果。无论是自然界或社会系统，均存在着协同效应。协同效应是系统有序结构形成的内在动力。

（二）伺服原理

伺服原理又称支配原理。协同系统的状态可由一组状态参量来描述。这些状态参量随时间变化的快慢程度是不同的，分为快变量和慢变量，而慢变量即序参量才是处于主导地位的，快变量服从慢变量即伺服原理。当系统从无序达到有序的临界点时，慢变量就会越来越少，有时甚至只有一个或少数几个。这些为数不多的慢变化参量主宰着系统的命运，确定系统的宏观走向，表现了系统的有序化程度。

（三）自组织原理

它是指在一定条件下，有序的结构可以通过系统内部组织起来，并通过各种信息控制和反馈来强化这一结构。自组织原理是协同学的核心理论，相对于他组织指令和组织能力来自系统外部而言，自组织强调内部子系统在没有外界干预的条件下能够按照某种规则达成默契，自动形成一定的结构或功能，具有内在性和自生性特点。

二、人力资本理论

1960 年，在美国经济学年会上，被称为"人力资本理论之父"的西奥多·舒尔茨系统地阐述了人力资本，人力资本理论正式诞生。在第二次世界大战时期，西方国家遭受重创，二十世纪中叶，西方经济获得了大于物质资本投入的价值回报，经济出现了超常增长。而人力资本理论进一步研究了人力资本形成的方式和途径，对现实困境做出了合理解释。西奥多·舒尔茨宏观研究了对教育投资的收益率和教育对经济的贡献，并且他着重关注在经济增长过程中发生的人力资本与物质资本的对比关系；他认为人力资本投资体现在卫生保健和服务、成人教育、正规教育以及人才流动上，体现在劳动者身上的知识、健康和态度上（舒尔茨，1990）①。

随后很多经济学家、管理学家等从各自角度上，对人力资本进行解释。人力资本就是劳动者身上的智能、体能和道德因素构成的价值创造能力。第一，人力资本虽然受劳动者的本能和道德因素的制约，但本质上，其是人的智力，是劳动者的知识积累、工作能力、技术水平等有用价值的集合，因此，人力资本是投在劳动者身上一种活的资本形态。第二，人力资本的成长需要消耗各种资源，一方面受人的生理特征不断老化的影响，另一方面受组织需求不断变化的影响，因此，人力资本的获取与维持需要不断地投资，如货币支出等。第三，为实现产权转移和价值创造，人力资本需要通过创造性的劳动来实现价值。因此，人力资本具有产权，只有产权清晰、激励有效才能促进人力资本增值，才能充分保障劳动者的所有权和收益权。第四，人力资本经常不能产生最大价值，"木桶理论"如影随形，其能否发挥最大价值取决于要素短板，人力资本增加取决于个体投入

① 舒尔茨. 人力资本投资：教育和研究的作用 [M]. 蒋斌，张薇，译. 北京：商务印书馆，1990.

的学习时间、态度等，取决于投资额和投资类型，如教育、流动等。人力资本具有创造性、增值性、能动性等特征，因此，为优化人的智力、体力和道德素质，在经济活动中，人类需要不断开展各种形式的投资，扩大资源投入生产适销对路的产品。

人力资本既然是资本，就有着一般资本的性质。但人力资本是隐含在劳动力之中的，因而与一般资本又有着本质区别。人力资本的特征主要有潜在性、创新性、能动性、增值性、流动性等。这一表述突出了人力资本的特性。如果说上述学者的论述突出了人力资本中"资本"的特性的话，而桂昭明（2003）则强调了人力资本中"人力"的特性，他认为，人力资本具有如下几个特征：第一，人力资本与其承载者不可分离；第二，人力资本只能被出租，或转让人力资本的使用权，人力资本不能够像物质资本那样直接转让、继承或买卖；第三，人力资本的形成与效能的发挥都与人的生命周期紧密地联系在一起；第四，从理论上讲，人力个体所能拥有的人力资本是无限的，这是由增值无限性的创新资本所决定的；第五，人力资本的形成与效能的发挥受其承载者个人偏好的影响；第六，人力资本是以各种不同的形式存在于人体之中的；第七，人力资本效能发挥得最大化在很大程度上受制于存量水平①。

三、跨区域公共治理理论

伴随区域公共议题的日渐突出，传统的治理模式难以适应日益复杂的公共管理实践，许多公共事务由于涉及不同管辖区，已经超出了单一行政区划的范畴，演变成跨行政区公共服务难题。

---

① 桂昭明. 人才资本论纲 ［J］. 中国人才，2003（9）：7.

由于历史文化传统和现实政治体制等各方面的原因，府际关系一直是西方公共行政和公共政策领域的重要话题。20 世纪 80 年代之前，西方府际关系的研究主要聚焦于中央和地方之间的关系；20 世纪 80 年代之后，府际关系的研究突破了中央与地方关系这一路径的限制，开始关注政府间的横向关系，深入的研究甚至把这一问题推向了具体政府部门之间的关系层面。对府际关系的探讨内含着对纵向关系维度上宪政精神、自治传统等因素的坚守，也包含着横向关系谱系中政策调整、相互协作等与时俱进的权变。西方国家对这一领域的研究基本按照以下四个路径展开：一是在宪政框架下把府际关系理解为联邦与州及其地方政府的权力互动过程，主要涉及宪政体制规范、行为者、权力结构、游戏规则、环境系统等要素的分析；二是在新制度主义框架下把府际关系理解为理性选择的过程和结果；三是在资源依赖理论框架下把府际关系看作财政转移的过程；四是在网络管理视角下把府际关系看作政策执行的有效抓手。

在经济全球化和区域一体化加速发展的国际背景下，学者们普遍认识到了区域发展中行政的重要性，区域公共管理成为公共行政学研究的一个新领域。在现实中，地方政府对于区域公共服务的需求往往不会主动作为，它们更倾向于从本地利益出发，采取机会主义策略，企图通过"搭便车""成本外部化"等策略坐享别人的治理成果，在这种思维模式下，区域公共事务必然出现治理失灵。为有效化解区域一体化发展进程中的合作困境，研究者提出须建构起良好的制度环境、合理的组织安排和完善的区域合作规则。有学者①提出从政治、管理和法制三个层面着手，构建全方位的地方政府间合作机制，为地方政府合作提供全方位的制度支撑：在政治层面主要是建立地方政府合作制度；在管理层面主要是建立财政横向转移支付以及协调联动制度；在法制层面主要是建立责任分担、冲突协调和利益补偿机制。李金龙②分析了区域公共服务中政府部门主义问题，提出了树立整体政府和公共行政理念、优化职能结构、创新区域公共服务的"竞争—合作"机制和"激励—约束"机制。刘晓峰③对供给环节中地方政府的主导性角色进行了重新审视，并认为在此基础上对地方政府合作协调体系进行法治化制度再造才是解决当前我国区域公共管理的关键。

府际关系与区域治理只是给我们提供了一幅区域公共治理的背景画卷，区域公共物品和公共服务的提供还需要组织和制度支撑才能实现。传统的官僚组织结构在面临跨区域事务时困境丛生；而对其进行修正的新公共管理、整体性治理都是在此基础上对官僚组织的不断调试。其面临跨区域难题治理时是沿着"之"字形路径不断演化发展的。

第三节　区域人才协同发展的文献综述

---

① 黄学贤，刘益洲. 区域性组织事权的法治进路：以长三角区域合作为视角 [J]. 法治现代化研究，2022，6（1）：119-126.

林坚，赵晔. 国土空间治理与央地协同：基于"区域—要素"统筹的视角 [J]. 中国人民大学学报，2022，36（5）：36-48.

庞伟，孙玉栋. 地方政府财政支出的结构偏异：基于跨界公共事务的视角 [J]. 经济理论与经济管理，2022，42（6）：33-49.

肖克，谢琦. 跨部门协同的治理叙事，中国适用性及理论完善 [J]. 行政论坛，2021，28（6）：51-57.

② 李金龙，余鸿达. 区域公共服务中的政府部门主义问题研究 [J]. 中国行政管理，2010，299（5）：53-57.

③ 刘晓峰，刘祖云. 区域公共品供给中的地方政府合作：角色定位与制度安排 [J]. 贵州社会科学，2011，253（1）：43-47.

一、区域协同发展相关研究

(一) 长江三角洲的区域协同研究

2019 年《长江三角洲区域一体化发展规划纲要》印发，2022 年党的二十大报告强调推进长三角区域一体化发展，展现了国家对长三角区域一体化的重视与决心。长三角地区作为我国最活跃、最开放、最具创新的经济发展区域，从高质量发展角度评价与推动区域经济一体化日益成为学术界的关注重点[1]（王山 等，2022）。封铁英，胡毓群（2023）运用耦合协调度反映长三角地区养老服务四个政策体系间的协调发展状态，认为长三角的养老服务政策体系处于失调状态；省际养老服务政策协同发展有利于长三角区域养老体系一体化转变，进而缩小养老服务差距[2]。赵一航和王郁（2022）对长三角区域公共服务领域合作情况进行编码并实施可视化分析，发现地方政府对于民生型公共服务的合作执行频次滞后于合作意愿频次，而经济类公共服务合作执行频次则高于合作意愿[3]。刘志强（2021）从长三角一体化发展的主要目标着手，提出长三角一体化制度机制建设的重点与路径，认为长三角地区一体化制度应以营商环境一体化为总抓手，搭建科技创新一体化平台，推进公共服务、社会治理及生态保护机制一体化，并吸引优质要素资源，进而打造跨省域的产业集群[4]。林玉妹和林善

---

[1] 王山，刘文斐，刘玉鑫. 长三角区域经济一体化水平测度及驱动机制：基于高质量发展视角 [J]. 统计研究，2022，39（12）：104-122.

[2] 封铁英，胡毓群. 区域养老服务政策协同测度、演变及其均等化效应：以长三角为例 [J]. 北京工业大学学报（社会科学版），2023，1-16.

[3] 赵一航，王郁. 选择性合作：长三角区域治理中的地方政府公共服务供给 [J]. 上海行政学院学报，2022，23（4）：27-37.

[4] 刘志强. 长三角一体化发展的制度机制建设重点及路径 [J]. 经济纵横，2021（11）：83-89.

浪（2022）基于长三角地区跨区域产业协同发展的案例分析，提出长三角地区通过优化第二与第三产业的跨区域空间布局，构建分工协作的制造产业链、层次分明的生产性服务业、"一极两核多点"的创新策源地，进而成功推动跨区域产业的协同发展，同时指出了长三角地区存在产业布局路径依赖与科创产业体系不健全等问题①。

（二）长江经济带的区域协同研究

长江经济带的人口与 GDP 占比均超过全国的 40%，在区域经济发展中占据着重要地位②（李金华，2022）。李小玉等（2022）从数字经济产业政策协同度、数字基础设施支撑力度、数字产业化协作体系、产业数字化协同度、数字技术协同创新能力以及数据要素共建共享机制六个方面，将长江中游城市群与长三角城市群进行比较，发现长江中游城市群的数字经济、数字产业、数字要素以及数字技术等数字能力与数字政策较为落后，提出加快数字政策共享共建的协同发展建议③。朱翔等（2022）研究认为，中部地区应以"两横三纵"的城市格局发挥城市群的鼎托作用，以武汉城市圈、长株潭都市圈以及大南昌都市圈为核心支撑，发挥农业、工业、能源业等传统产业优势，协同推进乡村振兴、城乡统筹与融合的高质量发展新局面④。曾刚等（2022）运用空间计量方法检验了长江经济带城市群从

① 林玉妹，林善浪.区域一体化背景下跨区域产业协同发展研究：以长三角地区为例 [J].中州学刊，2022，311（11）：34-40.

② 李金华."十四五"规划背景下长江经济带发展的政策、格局与路径 [J].财贸经济，2022，43（4）：129-146.

③ 李小玉，邱信丰.以数字经济产业协同促进长江中游城市群高质量发展研究 [J].经济纵横，2022，445（12）：41-49.

④ 朱翔，何甜，戚伟，等.构筑中部地区高质量协调发展的新格局 [J].地理学报，2022，77（12）：3194-3202.

发展经济、创新科技、畅通交流以及支撑生态四个方面进行联结与互动，进而促进了区域内各城市协同发展、培育了创新能力、扩大了开放优势[①]。李旭辉等（2022）借助二次加权的"纵横向"拉开档次法测度了长江经济带五大发展理念的实施绩效，并采用最优化指数以及统一度指数、Theil 指数等方法对五大发展理念的协同效应与空间非均衡关系进行考察，研究表明五大发展理念实施的协同效应较弱，特别是在部分区域的实施效果存在较大的提升空间，长江上、中、下游间的非均衡特征明显，且空间非均衡呈现扩大后缩小的波动趋势[②]。

（三）京津冀的区域协同研究

京津冀协同发展战略为解决"大城市病"、探索发达大都市带动不发达周边城市提供了重要的理论与实践意义[③]（李国平 等，2023）。石敏俊等（2022）基于京津冀地区产业链发展的实证分析，指出在京津冀城市群的发展过程中，交通运输制造业与机械设备制造业的中游产业部门相对薄弱，北京的生产性服务业未发挥引领作用，三城的整体产业链空间网络不均衡、融合度低[④]。陆军和毛文峰（2022）测度了首都圈的综合发展能力与协同治理水平，发现首都圈的发展能力虽然在全国都市圈中位列前茅，但依旧存在区域内要素发展不均衡、产业分工落差大、公共服务安排不合

---

① 曾刚，曹贤忠，朱贻文.长江经济带城市协同发展格局与前景［J］.长江流域资源与环境，2022，31（8）：1685-1693.

② 李旭辉，李丽雅，李敬明.长江经济带五大发展理念实施绩效的动态测度［J］.统计与决策，2022，38（12）：117-121.

③ 李国平，吕爽.京津冀跨域治理和协同发展的重大政策实践［J］.经济地理，2023，43（1）：26-33.

④ 石敏俊，孙艺文，王琛，等.基于产业链空间网络的京津冀城市群功能协同分析［J］.地理研究，2022，41（12）：3143-3163.

理以及城镇体系失衡等问题①。范海玉和李汶卓（2022）通过对京津冀交通一体化绿色发展的产生契机、存在问题、目标导向以及实现路径四个方面的分析，认为交通一体化是区域内社会经济要素流通的先行领域和骨骼系统，指出京津冀交通一体化绿色发展存在制度不健全、体制壁垒厚、投融资缺乏、交通结构不合理等问题，并提出强化顶层设计、信用建设、机制创新、结构调整等建议②。吕萍和宋澜（2022）从京津冀住房市场的问题入手，认为京津冀住房市场不健康发展源自产业与人才政策的不合理设定，并提出遵循"产业—人口—住房"协同发展新模式，以人才差异化引进、产业深层次划分、创新产业有力保障等协同机制缓解京津冀住房市场供需矛盾③。陈浩和罗力菲（2022）运用双重差分模型实证检验了京津冀区域内及周边城市协同发展政策对要素流通与配置的影响，研究表明京津冀区域协同发展政策从高效配置资源、提高前沿技术以及递增规模报酬三条路径实现了城市全要素的增长④。张冀和史晓（2022）运用双重差分模型实证检验了京津冀协同发展政策与区域整体家庭经济的关系，研究认为京津冀协同发展有利于区域内整体家庭经济风险的缩小，且农村、中低收入及工商业家庭的受益效果显著，但辐射范围仅限于京津、环京津地区⑤。

① 陆军，毛文峰.中国首都圈的综合发展能力和协同治理水平测度［J］.北京社会科学，2022，235（11）：34-45.

② 范海玉，李汶卓.京津冀交通一体化绿色发展的契机、困境与进路［J］.河北学刊，2022，42（6）：141-148.

③ 吕萍，宋澜.协同发展战略下京津冀住房市场的变化及调整建议［J］.河北学刊，2022，42（6）：130-140.

④ 陈浩，罗力菲.区域协同发展政策对要素流动与配置的影响：京津冀例证［J］.改革，2023，（5）：1-19.

⑤ 张冀，史晓.京津冀协同发展政策效果评估：以家庭经济风险为例［J］.北京社会科学，2022，234（10）：41-54.

张红等（2022）从主体培育、载体共建、要素共享、环境共护等方面分析了京津冀地区集成电路产业链，提出"以链布局—强核引领—平台支撑—服务配套"的产业协同发展路径，为区域内产业升级与转型提供参考意见[1]。贺灿飞等（2022）对京津冀的国内价值链分工与要素流动的辐射作用进行了考察，指出京津冀的"外循环"未实现世界级城市群应有的技术分工和知识生产能力，在"内循环"的过程中，对内的吸引力及对外的辐射力均未达到令人满意的效果，同时指出问题的根源在于"京津冀小循环"尚未打通，难以实现创新成果的城市群内部转化，进而无法起到创新驱动引擎的作用[2]。

（四）粤港澳大湾区的区域协同研究

粤港澳大湾区既拥有世界先进的制造业基地，还拥有世界领先的现代服务业，未来将建成全球极具经济活力与发展潜力的世界湾区经济，成为我国经济社会发展的重要增长极[3]（钟世川 等，2023）。霍祎黎和宋玉祥（2023）运用空间计量方法测度了粤港澳大湾区的经济协调发展水平，认为自2000年起大湾区城市间的发展差距不断缩小，区域经济协调发展水平不断提高，并检验了交通联结、政府作用、空间差异对协调水平的正向作用，以及城市发展差距、较慢要素流动对协调水平的负面影响[4]。周子航

① 张红，孙艳艳，苗润莲，等. 京津冀集成电路产业协同创新发展路径研究 [J]. 中国科技论坛，2022，315（7）：129-139.
② 贺灿飞，任卓然，王文宇. "双循环"新格局与京津冀高质量协同发展：基于价值链分工和要素流动视角 [J]. 地理学报，2022，77（6）：1339-1358.
③ 钟世川，郑锐豪，黄慧红. 粤港澳大湾区协调发展演化及收敛性分析 [J]. 统计与决策，2023，39（5）：114-119.
④ 霍祎黎，宋玉祥. 粤港澳大湾区经济协调发展水平测度与影响因素分析 [J]. 经济纵横，2023，447（2）：102-110.

等（2022）考察了港深的空间协同治理方案，通过分析行政集权与分权对治理尺度的影响，提出设立北部都会区、扩容前海合作区等方案以应对港深协同发展的背景差异①。陈朋亲和毛艳华（2022）采用模糊集定性比较分析法对旅客选择使用珠澳两地机场的影响因素进行了测量和分析，指出珠澳两地机场合作带来了"便利性"与"低成本"优势，成功推进两地旅游资源优势互补，要素流通效率提升，为打造珠澳旅游经济圈提供了强有力的支持②。万晓琼和王少龙（2022）对粤港澳大湾区数字经济发展现状进行了考察，指出数字经济可以弱化粤港澳大湾区的地理因素缺陷、减少产业同质化现象、降低三地生产要素流通成本、高效利用三地人才、整合三地资源形成统一大市场，进而实现三地的产业合理分配、公共服务均等、收入差距缩小的共同富裕③。

（五）成渝地区双城经济圈的区域协同研究

加强成渝地区协同发展研究对推动成渝地区双城经济圈建设、加快新时代西部大开发、推进长江经济带建设和新型城镇化进程具有重要的现实意义④（王佳宁 等，2016）。罗生全和随国栋（2022）基于高质量教育视角提出成渝地区双城经济圈建设应遵循教育与经济互生相融、同步进行、交流共享的基本逻辑理念，构建高质量教育创新体系，培育高质量教育的

---

① 周子航，施德浩，王雨. 港深协同发展：香港北部都会区与前海合作区的跨界治理：基于新国家空间理论的考察 [J]. 城市发展研究，2022，29（10）：1-11.

② 陈朋亲，毛艳华. 澳门与珠海机场合作研究：基于旅客行为选择视角 [J]. 暨南学报（哲学社会科学版），2022，44（5）：56-68.

③ 万晓琼，王少龙. 数字经济对粤港澳大湾区高质量发展的驱动 [J]. 武汉大学学报（哲学社会科学版），2022，75（3）：115-123.

④ 王佳宁，罗重谱，白静. 成渝城市群战略视野的区域中心城市辐射能力 [J]. 改革，2016，272（10）：14-25.

合作共享价值观①。苏斌等（2021）从网络密度、中心度以及凝聚子群三个角度对成渝地区双城经济圈的 19 个城市样本进行了节点中心度测算与分析，发现成渝两个主城区尚未充分带动整个城市经济圈，并且渝东片区、成渝中间地带与成都或重庆主城的联系均不够紧密，为实现区域经济一体化的可持续发展，其余节点城市对成渝主城区的支持还需进一步增强②。文淑惠和陈灿（2019）比较研究了成渝城市群与珠三角城市群的创新潜力，认为两城市群的创新效率差距正在不断缩小，且成渝城市群更具备创新潜力，提出成渝地区双城经济圈应加快转变经济发展方式、优化创新环境、提高工业聚集水平，以此加快对珠三角城市群的追赶③。马德功等（2012）通过构建西部金融中心指标体系对成渝两地金融发达程度进行比较研究，提出成渝两地所存在的优势与不足可通过资源、政策等方面进行互补，两地人均 GDP、金融规模等经济总量指标具备天然优势，但与广州、上海、武汉等地的人均经济指标相比仍有不小差距，成渝两地还应继续扩大金融规模、金融产业聚集度、促进金融创新，加大对金融中心的建设④。

---

① 罗生全，随国栋. 经济圈建设背景下高质量教育的发展逻辑与推进路径 [J]. 西南大学学报（社会科学版），2022，48（6）：153-164.

② 苏斌，薛佳滢，颜利，等. 成渝地区双城经济圈经济一体化研究：基于社会网络分析 [J]. 中国科技论坛，2021，（12）：101-108.

③ 文淑惠，陈灿. 成渝城市群与珠三角城市群创新潜力比较及影响因素分析 [J]. 科技进步与对策，2019，36（9）：51-59.

④ 马德功，杨陈晨，刘林昕. 成渝构建区域金融中心比较研究 [J]. 社会科学研究，2012，201（4）：14-18.

二、成渝地区人才问题相关研究

（一）成渝地区高校人才培养研究

高德友等（2022）研究了世界著名城市群的发展历程，以及各城市与当地高校之间的联动关系与发展路径，提出"政产研学"协同发展观点，认为政府部门应为科技创新提供政策、资金、金融等多项支持，高校孕育了创新人才，企业为人才提供创新平台，两部门的人才供给与产业集群共同促进了整个城市圈的发展，同时基于成渝地区双城经济圈发展现状研究，提出参考世界著名城市群发展模式，使高校与城市以人才为核心联结点的具体建议①。

田晓伟和彭小桂（2023）运用结构方程模型实证研究了成渝地区高职院校的教学质量、毕业生人力资本、毕业生就业质量等的结构关系，表明高职院校的教学质量对毕业生的人力资本与就业质量具有显著的正向影响，且人力资本对就业质量具有显著正向影响，验证了反映人力资本水平的发展能力与职业认识具有较高的中介作用②。

蔡文伯等（2022）运用耦合协调度模型、灰色模型以及 Tobit 回归模型对成渝地区 22 个地级市的面板数据进行了实证分析，结果表明成渝地区各地级市耦合协调度水平稳定，未来还将稳步提升，并指出高校人力资本对成渝地区耦合协调度的提升具有显著促进作用③。

---

① 高德友，赵欣，冉艺姣，等. 本地高校助力成渝地区双城经济圈高质量发展的路径探究 [J]. 研究与发展管理，2022，34（6）：178-186.
② 田晓伟，彭小桂. 高职院校教学质量如何影响毕业生就业质量：基于成渝地区双城经济圈的调查数据 [J]. 西南大学学报（社会科学版），2023，49（2）：172-184.
③ 蔡文伯，赵志强，禹雪. 成渝地区双城经济圈高等教育—科技创新—经济发展动态耦合协同研究 [J]. 西南大学学报（社会科学版），2022，48（1）：130-143.

吴茜（2022）通过对成渝地区双城经济圈的流动节点数据进行相关性分析以及桑基图分析，提出成渝地区双城经济圈的高层次科技人才主力军来源于高校高层次科技人才，而企业高层次科技人才相对欠缺，从整体角度而言，成渝双城的高层次科技人才呈现"保守吸引"的特征，人才流动性不强，以本土孕育为主要人才提供来源①。

（二）成渝地区人力资本研究

刘婉琪和任毅（2018）采用三阶段数据包络技术模型对成渝城市群人力资本效率进行测度与评价，研究表明成渝双城的教育投入、开放水平以及技术水平等因素对人力资本效率的提升具有显著影响，而规模效率无效导致了人力资本综合技术效率低，放松出口贸易、加大科研经费将有助于提高人力资本效率②。

黄静和唐迩丹（2017）对新生代农民工城市融入质量的现状问题与建设路径进行研究，认为成渝地区新生代农民工融入城市工作的阻碍，主要来源于公共服务质量低、人力资源开发不足以及身份认同度不够，提出两地应加快完善无差异公共服务、改善融入条件、开展职业教育培训以及带动参与社区治理，助力新生代农民工快速融入城市③。

陆远权等（2012）对影响川渝区域一体化进程的产业转移与人才流动两方面因素进行机制分析，认为川渝两地分治后皆欲争"龙头地位"，引

---

① 吴茜. 成渝地区双城经济圈高层次科技人才分布及流动模式探析［J］. 中国科技论坛，2022，313（5）：119-125，135.

② 刘婉琪，任毅. 成渝城市群人力资本效率的测度与评价：基于三阶段 DEA 的实证分析［J］. 现代城市研究，2018（5）：65-71.

③ 黄静，唐迩丹. 新生代农民工城市融入社会质量分析：问题聚焦和建设路径：以成渝地区为例［J］. 农村经济，2017，419（9）：116-120.

发地方保护主义思想，一度导致两地产业一体化进程放缓，项目同质化严重，因此，产业转移与人才流动是产业结构升级与区域一体化的必由之路①。

三、人才协同创新相关研究

（一）人才协同创新研究

一是强调高校与各行业企业协同创新培育人才。梁雪松和郑雅萍（2013）基于协同教育理论视角，论述了校企联盟培养"职业适应性"人才的理念，认为大学生就业难问题源于高校与企业存在"需求缺口的矛盾"，校企应当共同制定培养目标、教学计划以及课程体系，共同参与教学、共融校企文化，以系统教育的方式填补"需求缺口"②。李北群和华玉珠（2018）从行业特色高校人才协同培养模式的形成、困境以及突破路径三个方面进行分析，认为行业企业与科研院所、高校应构成开放动态的人才培养系统，推进人才的知识、能力、素质的协同发展，尤其行业特色高校应成为人才培养模式改革的示范案例③。柴干和郭建华（2019）通过对新型交叉学科的人才培养现状、课程体系改革、协同培养模式进行理论梳理与分析，发现新兴交叉学科教育可以调动学生积极性、培育创新精神、提升应用能力，通过校企合作、政府合作、社会实践等协同模式，更大程度培养兼具实践与理论的复合型人才，但现阶段交叉型教育方式薄弱，迫

---

① 陆远权，张基斌，尹克寒，等. 川渝区域一体化进程中产业转移与人才流动的互动机制研究 [J]. 科技进步与对策，2012，29（9）：32-35.

② 梁雪松，郑雅萍. 校企联盟培养"职业适应性"人才研究：协同教育理论的视角 [J]. 教育发展研究，2013，33（9）：59-73.

③ 李北群，华玉珠. 行业特色高校协同人才培养模式改革：转型与路径 [J]. 江苏高教，2018，206（4）：22-25.

切需要重大教学改革[①]。郑庆华（2022）以西安交通大学与国内外著名科研院所、行业龙头企业合作为例，提出了科教一体、校企协同培养的新模式，建议以"走出校园、引进资源、弥补短板、学以致用、以用促学"的举措开启卓越工程人才教育的试验道路[②]。

二是强调跨校际跨学科协同创新培育人才。张宝歌（2015）以牡丹江6所高校协作案例为研究对象，通过梳理地方高校人才培养协同创新的发展目标、制约因素以及保障机制，指出地方高校存在着经费不足、师源匮乏、实验条件不足、专业同质化、创新与服务能力不强等问题，提出高校人才协同培养可以实现资源共享、优势互补、教学质量提升的发展目标[③]。

三是强调协同创新环境对人才发展的重要作用。唐朝永和牛冲槐（2017）构建了协同创新网络与创新绩效关系的回归分析模型，同时实证检验了人才集聚存在的中介效应，发现人才集聚可以促进不同类型人才相互交流、相互学习、合作协商，进而产生知识共享、知识溢出、跨组织学习等效果，增强了企业的创新能力，得出了协同创新网络与人才集聚效应共同改善了企业创新绩效的结论[④]。卫洁等（2019）建立高等院校协同创新系统与协同创新环境的因果关系模型和系统流图，并进行了仿真和灵敏度分析，进而提出高等院校协同创新系统以科技型人才聚集与流动为主

---

① 柴干，郭建华. 新型交叉学科工程人才培养的协同模式探究 [J]. 东南大学学报（哲学社会科学版），2019，21：137-141.

② 郑庆华. "两交叉四融合"产教协同培养卓越工程人才 [J]. 高等工程教育研究，2022，196（5）：38-42.

③ 张宝歌. 地方高校人才培养协同创新机制研究：以牡丹江地区6所高校协作为例 [J]. 教育研究，2015，36（7）：142-149.

④ 唐朝永，牛冲槐. 协同创新网络、人才集聚效应与创新绩效关系研究 [J]. 科技进步与对策，2017，34（3）：134-139.

导，资金、技术、信息、学科平台为协同要素，经过耦合关联产出协同创新成果①。曾建丽等（2022）通过测算科技人才集聚与创新环境复合系统协同度动态变化综合效度，发现创新环境与科技人才集聚、相互影响，我国东部的人才与环境协同水平高于西部地区，但差异处于不断缩小状态，全国大部分省份处于中级协同水平②。

（二）人才与区域产业协同发展研究

1. 人才与区域科技创新产业协同发展研究

李健等（2023）运用空间计量模型对 2008—2018 年全国 30 个省（自治区、直辖市）的面板数据进行了实证考察，发现我国高技术产业研发能力与成果转化能力具有空间联系，周边省份的高技术产业两阶段创新显著抑制了相邻区域的科技创新，在研发过程中，人力资本的流动虽然可以提高创新产出，但也将削弱产业协同集聚所产生的促进效果③。

余长林和孟祥旭（2022）对 2007—2020 年中国沪深 A 股数字产业上市公司的面板数据进行了基准回归与检验，认为"海归"高管的引进可以提升企业员工的人力资本和研发投入资本，产生技术溢出效应，促进周边企业技术升级，提高企业数字技术的使用率，加速企业数字化改革，进而推动企业高质量创新发展④。

① 卫洁，牛冲槐，陈怀超，等. 基于科技型人才聚集的高等院校协同创新系统建模与仿真 [J]. 科技进步与对策，2019，36（13）：145-153.
② 曾建丽，刘兵，张跃胜. 中国区域科技人才集聚与创新环境协同度评价研究：基于速度状态与速度趋势动态视角 [J]. 大连理工大学学报（社会科学版），2022，43（1）：50-59.
③ 李健，高鹏程，谢衡. 产业协同集聚、人力资本流动与高技术产业创新 [J]. 统计与决策，2023，39（2）：179-184.
④ 余长林，孟祥旭. "海归"高管与中国数字产业技术创新 [J]. 吉林大学社会科学学报，2022，62（6）：127-234.

　　侯建和刘青（2022）以科技人力资源水平为动态面板门槛变量，探索智能化对产业转型升级的作用机制，研究发现智能化对产业转型升级的影响存在着显著的科技人力资源异质门槛，较低程度的科技人力资源将抑制产业转型升级，而较高程度的科技人力资源可以积极推进智能化对产业转型升级的正向影响[①]。

　　郭艳冰和胡立君（2022）采用系统 GMM 模型对人工智能、人力资本以及二者融合对产业结构升级产生的影响进行了实证检验，并以人力资本为门槛变量，进一步考察人工智能与产业结构升级间的非线性关系，发现人工智能与人力资本的结合可以显著促进产业结构升级，尤其是人工智能与高技能劳动的结合，其效果更加显著[②]。

　　陈俊杰和钟昌标（2022）基于 2011 年至 2019 年中国省际平衡面板数据，通过两步法系统 GMM 实证分析，发现信贷模式的融资环境阻碍了人力资本结构高度化与人力资本结构合理化两条路径，进而抑制区域创新数量的产出，并且经过分区研究发现西部较东部地区受影响程度更为明显[③]。

　　黄先海等（2022）基于 2011—2019 年中国工业机器人数量与上市公司创新数据的面板数据，实证考察了人力资本在两者间的中介作用，提出了工业机器人的使用通过促进劳动力向高品质转化与技能水平升级两个渠

　　① 侯建，刘青. 数字经济时代下智能化、科技人力资源与产业转型升级［J］. 研究与发展管理，2022，34（5）：123-135.

　　② 郭艳冰，胡立君. 人工智能、人力资本对产业结构升级的影响研究：来自中国 30 个省份的经验证据［J］. 软科学，2022，36（5）：15-20.

　　③ 陈俊杰，钟昌标. 融资模式、人力资本结构与区域创新［J］. 统计与决策，2022，38（12）：150-300.

道，可以进一步提升企业创新能力的结论[①]。

2. 人才政策与区域产业协同发展研究

何小钢等（2023）采用双重差分法对 2001—2008 年中国的 284 个地级市面板数据进行回归分析，发现人力资本的提高可以有效帮助第二产业劳动者进行技能水平升级，而技能升级又可以提升城市内部的研发能力，进而提升城市的创新水平，其效果在市场化程度高、流通速度快的东部城市尤为明显[②]。

杨永聪等（2022）运用基准回归模型与双重差分模型对 2010—2018 年中国的 291 个地级市的面板数据进行实证考察，认为人才政策通过积累人力资本与拓宽创新渠道能够更好地促进产业结构发展。又将人才政策划分为环境型、供给型和需求型，且环境型人才政策的吸引力最优，供给型人才政策的吸引力高于需求型人才政策，以此解释了区域人才政策对产业结构转型的影响具有异质性[③]。

徐培等（2022）运用多期双重差分法对 2010—2017 年中国的 62 个人才安居和创新型双试点城市面板数据进行分析，并对产业结构升级与空间溢出效应进行了考察，发现人才安居政策通过加快人力资本积累与技术水平创新两条路径助力产业结构升级，且经济落后地区所受的促进影响尤为

---

① 黄先海，虞柳明，袁逸铭. 工业机器人与企业创新：基于人力资本视角 [J]. 科学学研究：1-20.

② 何小钢，黄莹珊，朱国悦. 高质量人力资本与中国城市创新能力：来自高校扩招政策的证据 [J]. 当代财经，2022，455（10）：15-27.

③ 杨永聪，沈晓娟，刘慧婷. 人才政策与城市产业结构转型升级：兼议"抢人大战"现象 [J]. 产业经济研究，2022，120（5）：72-85.

显著①。

李娟等（2022）运用双向固定效应模型对2001—2016年中国地方政府人才政策与企业全要素生产率进行了实证考察，发现人才政策可以通过提高企业技术创新水平和纠正企业人力资本错配两条路径对企业的全要素生产率产生正面影响②。

王欣亮等（2022）基于2013—2019年中国的232个地级市的面板数据，构建了空间双重差分模型与三重差分模型，进而指出人才落户政策可以显著提升区域创新绩效，其中，选择性福利与落户政策搭配可以产生更有效的成果，但"逐底竞争"式的"抢人大战"将会产生负面影响，并且吸引力强的城市不宜过度降低落户门槛③。

乐菡等（2021）利用双重差分法实证考察了2010—2018年中国的280个城市的"人才新政"对城市创新绩效的影响，认为"人才新政"的保障型政策产生的创新绩效最高，发展型政策其次，而奖励型政策则是最低，并且政策贯彻落实力度强、政府支出及人力资本存量高的东部地区创新绩效最优④。

四、文献评述

区域协同发展是学术界研究的热点问题，尤其自党的十八大强调促进

---

①　徐培，金泽虎，李静. 广聚英才能否助力地区产业升级：基于人才安居政策实施的准自然实验 [J]. 山西财经大学学报，2022，44（5）：57-69.

②　李娟，杨晶晶，赖明勇. 人才政策可以促进企业全要素生产率增长吗：基于地方政府人才治理视角的研究 [J]. 经济理论与经济管理，2022，42（9）：38-51.

③　王欣亮，汪晓燕，刘飞. 社会福利、人才落户与区域创新绩效：对"抢人大战"的再审视 [J]. 经济科学，2022，249（3）：65-78.

④　乐菡，黄明，李元旭. 地区"人才新政"能否提升创新绩效？基于出台新政城市的准自然实验 [J]. 经济管理，2021，43（12）：132-139.

区域协调发展以来，以主体功能区带动整体区域经济发展，协作提升区域发展耦合的一致性与整体性，创造高质量、可持续的优质生产力，力求从空间角度实现共享成果、促进共同富裕的目标①（王朝科 等，2023），推动着大量学者以京津冀、长三角、粤港澳大湾区、长江经济带以及成渝地区双城经济圈为主体研究区域，从人才高校培养、人才创新发展等方面研究科技创新、产业升级的人力资本保障。

第一，国内关于区域协同发展的研究普遍聚焦于京津冀、长三角、粤港澳大湾区的城市群，提出了通过大城市带动小城市发展，领军产业辐射劣势产业，促进金融、人才等要素资源流动的战略措施，并对产业布局不合理、开放程度不足、协同发展力量不均衡等不协同问题进行分析。第二，从以成渝地区为研究对象的文献看，研究者普遍认为受历史因素、地理区位等影响，成渝地区发展相对东部地区而言较为缓慢，本土要素同质化、外部引入资源困难等问题显著，加快推动成渝地区协同发展，推动人才、资本、信息、技术等关键要素融通流动迫在眉睫。第三，关于人才协同发展的研究更多聚焦于高校人才培养协同，提出"产学研一体化"等人才培养模式改革方案，强调政府、企业与高校联动与合作，以知识、素质、能力为一体的培养目标，激发学生的研究能力、创新能力以及应用实践能力，打造应用型、复合型、创新型人才。第四，人才与区域产业协同发展的研究表明，人力资源积累带动科技创新，高科技人才与高学历人才是提升创新能力、城市与企业数字化转型的原生动力，大型城市通过引进

---

① 王朝科，吴家莉，刘泮. 习近平总书记关于促进区域协调发展的若干重要论断［J］. 上海经济研究，2023，413（2）：5-23.

塔尖人才可以显著发挥城市的创新潜力、提升创新产出，协同推进产业升级，进而促进城市的全要素发展。

第四节 区域人才协同发展的理论分析

在充分借鉴协同理论、人力资本理论和跨区域协同发展理论的基础上，构建成渝地区双城经济圈人才协同发展理论框架，有助于统筹好成渝地区双城经济圈内人才发展的环境、条件、要素在城市间的关系，以人才协同发展促进人才高效集聚，以人才高效集聚激发人才协同发展，协同与集聚共同作用，推动成渝地区双城经济圈人才高地建设。

区域内"产学研政"协同发展有利于当地人才的流通与循环[1][2]（王聪 等，2017；余维新 等，2017）。

①科研机构是高科技发展的核心所在，也是人才密集的主要领域，科研机构从政府方面获取关键性信息，又从高校聘用尖端人才对所获信息加以分析与研究，实现某一领域的突破创新，科研机构所产出的科研成果又提供于企业，企业也为此向科研机构提供报酬，因此科研机构也可被视为"产学研政"四方环境的循环中介。

②企业的建立是产业形成的基础，企业招聘人才推动生产规模的扩张以获取更多收益，而企业扩张促进了自身以及上下游、同行业企业的发展，进而为当地人才提供了更多就业岗位，实现企业与人才的双向选择。

---

① 王聪，周立群，朱先奇. 基于人才聚集效应的区域协同创新网络研究 [J]. 科研管理，2017，38（11）：27-37.

② 余维新，顾新，熊文明. 产学研知识分工协同理论与实证研究 [J]. 科学学研究，2017，35（5）：737-745.

企业与同行业企业之间的竞争、企业与上下游企业的业务往来畅通了行业的循环发展；企业与高校之间建立培训基地，高校培养的人才得到工作实习经验与业务信息，企业也可高效直接挖掘、聘用优质人才；企业生产所需的人力资源可为政府解决社会不充分就业难题，销售后所获取的一部分利润也将以企业所得税的形式流向当地政府。

③各地高等教育学校的建立可从人才引进与人才产出两个方面为当地发展做出贡献，一方面高校引进各领域教师、专家，为当地留住高学历人才，另一方面高校开展教学，年复一年为社会培养出各行业发展所缺乏的理论或专业人才。不同高校之间既存在院校排名竞争，又存在院校联合培养项目，从竞争与联合的角度促进院校升级与交流，而高校内部的专家、教授之间相互配合可以加速学术界对某一领域的探索；高校向政府部门建言献策，而政府也为高校提供了物质资源，进而实现双赢。

④政府内部官员任用与培养的人才质量越来越高，"师承"观念更为明显，人才的选择不仅要考虑院校出身，更看重岗位成绩与"师从何人"，严师出高徒的观念更好地反映了"师承"的协同发展。"产学研政"的四方环境不仅从内部发展促进人才协同创新，也从外部关联实现协同循环。

一、人才协同发展的外部环境

实现成渝地区双城经济圈人才协同发展，离不开优良的外部环境支持，成渝地区双城经济圈的产业、制度、资源、开放、服务环境以及区位、人文环境等均为人才协同发展提供了得天独厚的条件。

（一）产业支撑

产业是人才集聚和发展的基本载体，产业的分布和集聚是影响人才流动和人才资源配置的重要因子。合理的产业内部结构配置可以助力企业减少一部分非必要的生产、运营成本，经过优化后的产业内部结构配置可以从地理区位以及生产效率方面进行反应，甚至可以促进当地某一领域的产业实现聚集最终达到规模经济。同时，产业集聚牵引人才集聚，人才集聚助推人才开发并促使人才资源向人才资本转变，使人才资本在运动中实现增值，产生人才集聚促进产业集聚的效果。经过数年的建设，成渝地区双城经济圈的产业体系逐渐完备、集群优势突出且互补性强，高端化、生态化和智能化的现代产业体系建设加速推进，为各类人才提供了施展才华、成就事业、实现价值的广阔舞台和人才生态。

产业集聚的形成来源于若干不同地域、不同领域、不同境遇创业者的数年积累，最初的创业者们或因生活环境、或因独特机遇，进而选择留守或进驻于成渝双城。创业者发挥自身所具备的感知能力与创新能力，积极调动当地物质资源、配合当地政策条件，勇敢开创当地并不具备的某一领域的创业道路并从中获益，而尚未进入该领域的徘徊者们感知有利可图，便竞相模仿加入其中，这一过程实现了产业从无到有的转变。随着参与者的数量不断增加，有限的市场被逐步分割，随之发生的结果便是所获利润减少，市场的竞争关系也日渐激烈，规模升级、行业创新的要求也随之产生，进而也激发了行业内对人才的渴望与争夺，最终推动人才集聚现象的发生。

人才集聚的初期可以助力行业迅速扩张，促进当地经济快速发展。经过一段时间的人才、资源积累，由于外部人才的参与量依旧增加，人才能够为企业提供的利益受边际效益规律的影响出现递减，此时受政府约束或企业自发控制，人才将不再无序堆叠，而是按需分配，对人才的进入设置相应的门槛，从而降低当地人才的引进数量，进入才尽其能，最大化发挥人才自身潜能的协调阶段。经过一段时间的协调阶段后，产业对人才的需求量已达到饱和，人才的创新积极性也呈下降趋势，为更好地接纳与管理人才，产业集聚的升级或改革将成为新的社会问题。

(二) 资源集聚

知识、高校、资金等创新资源的高度集聚既为成渝地区双城经济圈人才协同发展提供了条件，更对人才协同发展提出了要求。知识是创新的基础，无论是基础知识、专业知识还是广泛知识，均是人才培养不可或缺的一部分。基础知识的学习是人才成长的地基部分，扎实掌握基础知识可以助力人才未来的学习，减少出现因基础不稳而无法"更上一层楼"的局面发生。专业知识是人才发挥才能的核心，通过专业性教育与培训，使其实现从外行到内行的转化，具备能够为企业做出有效贡献的能力。广泛知识的具备是为了助力人才的创新能力培养，多年的社会发展，已储备专业知识的人才不再屈指可数，但社会与企业的进步必须依赖创新，仅限于专业范围内的人才无法提供更多新颖的思考，此时便呈现出广泛学习对专业人才的重要性。当专业领域的发展所带来的边际收益低于所付出的边际成本时，继续深挖该领域的目标将不再具备吸引力，"新工科""新文科"便是基于当今社会现状所提出来的，我国新兴产业的发展将更依赖于复合型人才的培养。只有精通专业，更且知识面宽泛的人才才是复合型人才。此时，对人才的多元化教育与培养也将成为发展的核心手段之一。

当前，成渝地区双城经济圈各类创新资源集聚不断加强，人才、设备、信息、政策和成果等的共享交流日趋频繁（杨继瑞和周莉，2021）①。成渝双城在不同领域存在着不同的优势或劣势，两城通过共享与交流，可以更好地发展优势产业，升级与改革劣势产业。成渝双城的畅通交流需要统一的政策予以保证，比如在人才引进、商业环境、土地规划、技术与信息共享以及进出口贸易等具体项目上制定相似规则。于政治方面而言，成渝两地领导干部可以通过异地挂职、两地交流等方式进行换位思考，进而深入了解对方的当地环境与局面，避免刻板印象或定式思维的现象发生。于商业方面而言，成渝两地可通过建立行业协会、商会等方式，创造两地商业交流的环境与条件，提高项目落实效率，无论是航空经济还是铁路经济，均应消除竞争实现共享，将项目落地置于首位目标，同时具备"动车组意识"，以共同协作代替"领头羊思想"，加速两地资源交换、共享，协力共建双赢局面。集聚只能发生"物理效应"，协同才能发生"化学效应"，成渝地区双城经济圈创新资源的高度集聚，为创新资源主体（人才）协同发展提供了可能。

（三）合作开放

开放是实现人才协同发展的基础，合作是实现人才协同发展的路径。我国自改革开放以来，全国经济一直处于增长状态，开放与合作是实现经济增长、社会发展、人类进步的重要战略举措。招商引资可以为当地带来更多的非本土资本投入，扩大初始资本的同时更大程度利用乘数效应，进而增加项目落地数量，使当地产业规模、范围不断向外延伸，推动经济高

---

① 杨继瑞，周莉. 基于合作之竞争博弈的成渝地区双城经济圈良性关系重构 [J]. 社会科学研究，2021（4）：100-109.

速发展，地方政府的财政收入也将随之增加。此后，当地政府将所增加的税收用于教育、医疗、科技研发等基础设施建设以及人才引进，从而实现产业的全要素升级，以此满足产业扩张所需的要素条件，为产业的下一步升级、扩张做好准备。当地政府应不断完善对外开放合作环境，打响开放合作招牌，进而吸引更多外部投资与外地人才的加入。优质的商业、社会环境能吸引各领域的尖端人才，这些人才不仅可以满足生产的需要，其更大的价值在于带来新颖的管理办法、先进的研发与实操技术、新型的实用设备以及更为成熟的生产运营经验，形成了人才聚集、协同发展的大好局面。

开放与合作带来的收益有目共睹，各地方政府也相继出台对外开放、对内开放的各项财政措施，但也因此拉开了招商引才"经济争夺战"的序幕。资源与人才的争夺战普遍以经济发达地区为胜利者的结局收尾，经济发达地区自身具备更优质的环境与引进条件，对外部资本与外地人才更具备吸引力，而经济欠发达地区所能提供的条件明显逊色于发达地区，这更进一步成为欠发达地区经济增长、开放合作的掣肘，压制着欠发达地区的扩张与升级。我国大量人才普遍流向东南地区[1]，成渝便是与沿海城市竞争后的"输家"，因此成渝地区双城经济圈的合作开放显得尤为关键。成渝双城是我国长江经济带的重要联结点，虽已成为西部区域对外开放程度最高的地区[2]，但与东部地区相比仍有较大差距。因此，成渝双城需要打

---

① 曹薇，董文婷. 政府竞争行为对区域人才流动的影响机制研究：区域对外开放的中介效应[J]. 科技进步与对策，2022，39（11）：42-51.

② 姚树洁，刘嶺. 促进区域经济均衡增长，构建"双循环"新发展格局：基于成渝地区双城经济圈建设视角[J]. 陕西师范大学学报（哲学社会科学版），2021，50（5）：150-164.

造更加开放合作的关系，摒弃竞争理念，共享创新、金融、产业等高端资源，推进海陆空运输联动机制，试行以成渝双城为核心，西部其他地区为联动枢纽的对外开放格局，以大城联合，小城配合的形式，通过更全面、更具体、更协同的方式实施对外开放措施。

（四）服务优质

建设宜居、宜业、宜游的优质生活圈是国家赋予成渝地区双城经济圈的重要战略定位之一，也是人才协同发展的重要保障。人才协同发展，要紧扣人才的生存需要和发展需要，以住房、教育、医疗、社保、出入境、交通等为具体内容的服务质量与衔接状态既影响着人才流动与集聚的程度，也影响着人才协同效应的发挥。

住房条件被视为是引进人才最为关心的城市服务之一，其中住房更成为绝大多数人才首要考虑的生存问题。无论是购买住房还是租赁住房，住房支出部分占比过大，都将会阻碍人才的流入以及刺激人才的流出。引进的人才普遍需要将收入的一部分用于住房支出，高成本的住房要求在生活支出中比重过大，促使人才必须降低一部分生活质量才能生计平衡，从而降低了人才的生活幸福感，最终打击人才长期居住与生活的积极性。[①] 金融、法律、科研等高端服务业的人才需求偏向于知识型或技术型人才，且此类高端人才均是购买住房的潜在人群。如若房价过高，则该类人群将被排斥在外，进而降低了住房市场需求，也在一定程度上抑制了所在地区经济的增长；相反，如若房价处于大量人才均可接受的范围以内，则该类人

---

① 吕萍，宋澜. 协同发展战略下京津冀住房市场的变化及调整建议 [J]. 河北学刊，2022，42（6）：130-140.

群所受负担较小，更愿意选择购买住房并长期居住，进而刺激房地产市场需求，带动经济发展的同时也会促进房价的上涨。另外，成渝地区的发展水平与工资水平差异过大，倘若住房条件趋向一致，则无法实现人才流动，因此，差异性住房条件的设立是保证人才流通的重要因素。

当地的教育是培养人才的主要手段之一，大部分本科学生、研究生毕业后会选择留在本地就业，因此当地的高校数量与招生规模也将成为人才增长的影响因素之一。[①] 成渝两地现行的人才培养规模尚可、教学资源丰富，但在教学活动与科研产出质量方面，依旧逊色于京津冀、长三角、粤港澳大湾区和长江中游经济圈，成渝双城仍需要加大对高等教育与科学研究方面的投入。成渝两地的教育方面不仅要加大投入，还应推行"教育同城化"战略，提供两地高校相互学习、合作科研的学术环境，实行差异化专业教学与培养，避免出现教育同质化、特色不明显、创新成效低的状况，合力实现人才互补、协同发展的教育局面。

当地医疗条件与社会保障制度是对人才生活质量的保障，不同职业之间存在着医疗保险缴费与报销能力的差异，这种差异将成为人才引进时不得不考虑的生活问题。[②] 我国四种医疗保险对应着不同的人群，专门针对机关事业单位的公费医疗保险制度，其公费医疗报销比例不小于90%，针对城镇企业职工的城镇职工基本医疗保险制度，其城镇职工医疗报销比例约为70%，而针对农民的新型农村合作医疗保险制度以及针对城镇非职工

① 张学敏，姚姿臣. 成渝地区双城经济圈高等教育"同城化"空间整合研究 [J]. 中国高教研究，2022，350 (10)：89-95.

② 朱晨，刘晓鸥，连大祥. 公共医疗保险对中国劳动者就业及收入的影响 [J]. 经济理论与经济管理，2017，317 (5)：78-89.

居民的城镇居民基本医疗保险制度，平均报销比例均仅为 50%。不同医疗保险的价格水平与报销比例将影响不同人群的消费能力，进而影响该类人群的就业率，其中，除公费医疗几乎不产生参与者排斥影响外，其余三种医疗保险制度均在一定程度上挤压了该类人群的生存空间，尤其城镇非职工居民与农民所受影响程度最大。因此，为保障所引进人才的生活质量与就业水平，对人才的医疗、社保制度应朝着更合理、更适宜的方向进行调整。

出入境与交通状况是人才流通的主要保证，越宽松、越便捷的出入条件，越能够调动人才流动的积极性；越严格的出入条件，越抑制人才流通的效率。[①] 第一，交通运输业的发展带动了上游工程项目建设落地、中游列车、航线与相关设备制造业拓展延伸以及下游运输、物流等业务的开展，为当地经济增长与就业岗位的提供做出贡献；第二，出入便利的环境有力地吸引了外资流入，提供外部投资者现场实地勘察的条件以及提高领导层面对面沟通效率，降低了投资者的信息不对称风险，进一步提升项目合作的成功率；第三，自由且低成本的流通网络部署，可以助力人才有效开展学术或技能交流，由人才流动升级为技术流动与学术流动，实现城市之间知识共享、技能共享、合力创新的"软实力"协同发展，促使高素质人才向复合型人才转型，在提高城市物质资本的同时也可提升人力资本水平。

二、人才协同发展的内部条件

实现成渝地区双城经济圈人才协同发展，同样离不开系统内部条件的

---

① 谭志雄，邱云淑，李后建. 高铁开通、人才流动对区域创新的影响及作用机制［J］. 中国人口·资源与环境，2022, 32（8）：128-139.

有力支持，成熟与完备的内部条件是产生协同"化学反应"的内核。

（一）理念认同

理论是行动的先导，理念是理论在价值观领域的具体表现。成渝地区双城经济圈人才协同发展，必须坚持互学互鉴，求同存异，寻找最大公约数，增进情感认同，增强人才协同发展内生动力。成渝双城的协同发展需要推进包容与统一，两地理念的趋同不应该简单认为是平均化或标准化，而是在彼此尊重的情况下，保留特色的联合。成渝两地的人文传统相似相近，虽理念认同重合度高，但受多年独立发展的影响，两地具体情况还需具体分析。两地的经济水平、地理环境不同，更应该联合考虑"公平性差异"的具体战略措施。若两地政策、举措趋同，则占据独特优势的一方将更容易吸引人才、抢占资源，在此情况下，将无限放大另一方劣势，最终因恶性竞争而让一方惨败，从而失效一方将失去该领域的参与权。争取求同存异，意味着两地主旨、目标与精神以相同方向进行发展，各自发挥其特色，通过放大碎片后再融合的方式形成整体资源①，实现理念重合、行动独特、优势扩大、劣势弥补、齿轮互扣的协同局面②。协同发展的目标与方向，可划分为创新发展、协调发展、绿色发展、开放发展、共享发展。实现创新发展需要成渝两地高校凸显自身特色并联合开展研究，以两种及以上专业优势交融形成新专业、新方向，培养新型复合人才；协调发展需要两地产业减少竞争，推动联合，从横向产业发展向纵向产业发展转

---

① 朱志伟. 迈向包容性协同：长三角公共服务一体化的范式选择与发展趋向 [J]. 苏州大学学报（哲学社会科学版），2021，42（5）：51-59.

② 张亚，王世龙. 高校服务京津冀协同发展的路径研究：以新发展理念为分析视角 [J]. 国家教育行政学院学报，2020，265（1）：51-56.

型；两地因地理环境与区位不同，能达到的最大化产业价值的能力也不同，因此，两地借助交通联合的方式进行产业与人才交换流通，以最小化成本、最大化收益的形式实现规模经济；绿色发展的要求不仅是本土产业绿色化改革，同时也应该考虑对对方环境的影响，消除保护本地环境但不顾对方生态的思想，开展全面绿色化产业改革道路，深刻领悟"唇亡齿寒"的绿色产业精神；开放发展的核心在于内部联合、对外开放，达成"你流入等于我流入"的一体化思想；共享发展体现在人才共享、知识共享、技术共享以及设备共享，以"一个扳手两城共用"的无私理念进行发展。

（二）政策联通

未达成合作以前，成渝两地为提高各自排名与区域竞争力，一直处于利益冲突、同质性竞争激烈、地方自治互不信任、资源与权力不平衡的对立面，恶性竞争限制了两地的快速发展。中央政府为缩小西部与东部差距，为双城提供了交流沟通、合作双赢的战略协作平台，即成渝地区双城经济圈建设。自成渝城市群相互合作，整体性得到极大提升，推动同质性竞争向有序合作性竞争转变以来，各领域产业布局实现了相互联动、相互契合的大好局面①。在双方区域合作的基础上，两地政府合作意愿、动机、目的趋向一致，推动着双方开启资源互换、信息共享的协作道路，两地资源配置得到更好的优化与管理，交易成本与风险减少，利润增加，协同发展驰骋于高速公路。

---

① 锁利铭. 区域战略升级与府际横向协作之间的长周期多重交互：面向成渝地区的三阶段纵向分析 [J]. 理论探讨，2022，227（4）：64-74.

推进成渝地区双城经济圈人才协同发展，体制机制创新是关键。近年来，成渝两地政府制定出台了一系列推动成渝地区双城经济圈人才协同发展的政策措施，虽取得了一定成效，但仍有诸多政策措施难以推动落实，效果并不理想，究其原因，最根本的还是体制机制的障碍①。城市人才引进政策的缺陷可划分为两种：一种是地方政策碎片化问题，即人才政策目标、内容以及过程被分割，未形成完整统一的协调部署，普遍出现重引才，轻育才、用才与留才，人才的无序引进只集中不集合，上下级人才不匹配、不协调、各司其职的现象；另一种是地方政策同质化问题，即政策制定不具备新颖性与独特性，普遍以创业资金、科研经费、生活补助、购房补贴、荣誉颁发等方式给予奖励，人才评定重学历、重论文、重奖项、重资历。

因此，成渝地区双城经济圈需要加快形成区域内相互联通的"人才新政"，在更高起点、更高层次、更高水平上推进人才协同发展。对于"人才新政"的制定与操作，成渝地区各地政府需要分清直接目标与终极目标。直接目标是指，引进更多优秀人才的同时，合理安排部署，避免资源浪费、才不配位的问题发生。终极目标是指，人才引进是为了促进社会更快发展，满足产业升级、扩张或转型的人才需求，通过发展新兴科技紧跟国家高质量发展的步伐。为此，当地政府应该成立人才管理小组，对各部门的人才需求进行统计划分，按需、按量、按类别对人才进行筛选与评定，做到具体问题具体分析，精准落实人才补缺工作。与此同时，工作组

---

① 赵全军，季浩，WEI W. 政策创新与制定失灵：基于"人才争夺战"的场景分析 [J]. 浙江社会科学，2021，303（11）：45-52，157.

也应当受到监管，防止因"熟人社会""关系网络"等私人社会关系而发生违规现象。

（三）要素流通

成渝地区双城经济圈各类要素特别是创新要素的高效、便捷、流动是实现人才协同发展的重要条件。促进要素流通，必须充分发挥市场在资源配置中的决定性作用，更好地发挥政府作用。因此，成渝两地在资源配置上要加强合作，最大限度提升资源配置效率[①]。若政府不对资源配置加以合理控制，设置行政壁垒或歧视性政策，将导致市场分割进而加剧资源错配。合理配置成渝双城产业链、创业链、人才链、资金链以及数据链的资源，可以促进两城经济共同快速发展。产业链的合理资源配置可以极大发挥优势产业价值，并进一步带动相关辅助产业的发展，实现两城相关产业的空间聚集效应，这对传统制造业或服务业的影响尤为深刻；创业链的核心聚焦于专利发明与科研合作，两城应合作研发、合作创新，将两城智慧与能力加以融合，实现科技新突破，一同追赶科技浪潮；成渝两地的地理区位与交通发展可以保障双城人才链畅通无阻，进而降低人口无效密集与住房难题；双城经济水平本就在全国名列前茅，强强联合的双城资金链互通，不仅可以加快工程建设的完工，还可以降低由资金短缺导致的可能产生的金融风险；成渝双城的数据链合作将为大数据发展带来重大突破，双城所拥有的庞大数据经过整合与分析，将带来更加智能化、精准化的大数据资源。

---

① 袁胜超，吕翠翠.地方政府合作与地区资源配置效率 [J].当代财经，2022，454 (9)：3-14.

（四）服务贯通

营造一流的服务环境，促进服务贯通是成渝地区双城经济圈人才协同发展的重要保障。当前，成渝地区双城经济圈内部普遍存在服务福利可携性有限，人才体验度低于预期，优质公共服务资源整体不足等问题。因此，成渝地区双城经济圈内的各地政府需要加快落实各种便利人才在区域内发展的政策，围绕人才在学习、就业、创业、生活、民生福祉等方面需求，不断推进民生社会服务领域的协同广度与深度，共同打造宜居、宜业、宜游的优质生活圈。

成渝双城引进人才后应该朝着如何留住人才的问题进行思想转变，人才因就业岗位、福利待遇等引进政策所吸引，但也会因同样的条件被其他城市所争夺，此时，满足人才长期生活的需求显得尤为关键。从孩子入学方面而言，区域内各地政府不光要提供人才未来的培养方案，还需提供未来人才家庭的教育资源，例如解决入学难、中小学数量少等问题；从就业、创业方面而言，区域内各地政府提供的就业、创业机会越多，越能够满足人才的多元化工作需求，同时也能为经济增长贡献一份力量；从居住生活、民生福祉的角度来看，一个城市的消费水平与工资水平的比例适当，人才的消费需求得到满足，其便更倾向于长期居住于该城市，与此同时，人才敢于消费，当地经济也将随之增长，从而进入留住人才与经济增长的共赢状态。

第三章　成渝地区双城经济圈人才协同发展现状分析

近年来，国家相继发布了长江经济带发展、新时代西部大开发等促进西部发展的政策措施，成渝两地积极抓住重大战略机遇，认真践行新发展理念，加快资源要素聚集，实现地区经济发展。人才工作乘势而上，四川举办"海科会"，成都实施"蓉漂计划"，重庆推出"英才计划""英才大会"，打造"近悦远来"人才生态，人才工作有品牌、有气势、有实效。人才工作在人才规模与质量、人才区域与行业分布、人才引培、人才使用、平台建设、人才服务、人才管理等方面明显提升，并且显现出从竞争到协同的发展趋势。

第一节　成渝地区双城经济圈人才规模与质量

一、人才资源的总量

人才是社会发展关键性的人力资源和生产要素。推进成渝地区双城经济圈建设，要同步推进人才发展，促进人才规模、质量与经济持续发展相协调。人才对地区行业领域发展的重要性越来越受到各方面的关注和公认，特别是高科技人才更是各个地区的抢手资源。但是从人才资源的总量来看，四川的人才数量高于重庆。截至 2021 年年底，四川省、成都市、重庆市人才总量分别为 1 056 万人、587.6 万人、599 万人。人才密度指人才数量占人力资源总量比重，人才密度重庆高于成都，但低于四川，三地具体人才资源对比分析见表 3-1。

表 3-1　2021 年重庆、四川、成都人才资源对比分析

	人才资源/万人	人才数量/万人		人才密度/%
		专技人才/万人	高技能人才/万人	
重庆	599	173.3	140	52.3
四川	1 056	383	227	57.7
成都	587.6	217.04	77.08	50.1

数据来源：2022 年《四川统计年鉴》、《重庆统计年鉴》。

从国内主要城市群人才资源的情况来看，长三角地区人口总量大，人才资源总量多。从人才占人口的比例来看，长三角地区人才资源占比最高达 16%，京津冀地区为到 15%，川渝地区人才占比相对较低，为 14%，国内主要城市群人才发展总体指标对比见表 3-2。

表 3-2　2021 年国内主要城市群人才发展总体指标对比

	人口总量/万人	人才资源总量/万人	人才资源/人口总量
长三角	23 647	3 692.55	16%
京津冀	11 011	1 687.2	15%
粤港澳	13 492	1 762	13%
川渝	11 584	1 665	14%

数据来源：2022 年中国统计年鉴。

二、人才资源的质量

在现行国家发展背景下，我国"人口红利"正逐渐消失，广大劳动者的综合素质迅速提升，技能水平持续提高，"人口红利"正向"人才红利"加速转变①，我国传统的劳动力资源优势正逐渐减弱。区域之间竞争发展是知识的竞争，也就是人才资源的竞争。创新能力强、综合素质高的人才资源是发展知识经济的关键，谁能吸引更多的优秀人才，谁就能在区域竞争中占据优势。成渝双城目前产业不断转型升级，区域协调发展需要进一步完善，需要高质量的人才资源来实现经济的持续发展②。但是总体来说，成渝地区人才质量不优，存在着巨大的人才资源缺口。从表3-3的高层次人才数量来看，川渝两地共有"两院"院士134名。四川高层次人才总体高于重庆，部分指标相差较大，重庆两院院士等指标远落后四川。本部分的数据根据政府官方网站、统计年鉴、统计公报等官方资料整理得到。

表 3-3　2019 年重庆、四川、成都高层次人才比较

	高级专技人才	两院院士	国家高层次人才	享受国务院特殊津贴专家	高校毕业生人数	在站博士后人数/万人
重庆	17.3	38	249	2 703	22.4	0.11
四川	51.8	96	379	5 000	43.9	0.24
成都	17.36	34	303	2 856	20.6	—

---

① 董翔宇，赵守国，王忠民. 从人口红利到人力资本红利：基于新经济生产方式的考量[J]. 云南财经大学学报，2020，36（2）：3-11.

② 张薇薇，赵静杰. 协同创新中人才资源共享模式与创新绩效研究[J]. 科学管理研究，2019，37（5）：143-147.

从国内主要城市群来看，成渝地区远落后于长三角、京津冀等区域，总体比粤港澳地区略强。总体来看，成渝地区在两院院士、国家高层次人才、外国专家等方面总体比较靠后，国内主要城市群高层次人才资源比较见表3-4，本部分的数据根据政府官方网站、统计年鉴、统计公报等官方资料整理得到。

表 3-4　2019 年国内主要城市群高层次人才资源比较　单位：人

	"两院"院士	国家高层次人才	享受国务院特殊津贴专家	外国专家
长三角	204	1208	12 916	28 959
京津冀	849	—	10 765	5 069
粤港澳	43	459	5 132	10 633
成渝	73	553	7 644	1 293

第二节　成渝地区双城经济圈人才分布特征

一、人才资源的区域分布

从人才数量看，四川人才数量高于重庆。截至 2021 年，四川省、成都市、重庆市人才总量分别为 1 056 万人、587.6 万人、599 万人。从人才分布区域看，成都、重庆主城都市区集聚了各自区域 70% 以上的人才资源：四川人才总量中成都占 56%，其他市州占 44%；重庆人才总量中主城都市区占 73%，其他地区占 27%（见表3-5）。

表 3-5　2021 年部分省市及城市群人才资源对比

	人才资源总量/万人	人才密度/%
重庆	599	52.3
四川	1 056	57.7
成都	587.6	50.1
川渝	1 655	55.8

二、人才资源的行业分布及其与产业契合度

（一）人才资源的行业分布

从产业法人单位和从业人员数量看，四川远高于重庆，重庆高于成都。根据第四次全国经济普查公报，截至 2018 年年底，重庆第二、三产业法人单位数量为 51.25 万个，从业人员为 979.15 万人，四川省第二、三产业法人单位数量 76.20 万个，从业人员为 1 754.42 万人。与京津冀、长三角对比分析发现，京津冀、长三角的第二、第三产业法人单位数量分别是川渝地区的 1.91 倍和 4.37 倍，而从业人员数量则分别为 1.22 倍和 3.46 倍。川渝地区第二、第三产业法人单位数量为 127.45 万个，从业人员 2 733.57 万人。而京津冀地区法人单位为 243.1 万个，从业人员达 3 328.7 万人；长三角地区法人单位为 485.3 万个，从业人员达 9 451.6 万人，明显更具规模，部分省市及城市群第二、三产业法人单位和从业人员数量见表 3-6。

表 3-6   第四次经济普查中我国部分省市

及城市群第二、三产业法人单位和从业人员

	法人单位/万个	从业人员/万人
重庆	51.25	979.15
四川	76.20	1 754.42
成都	31.64	613.64
川渝	127.45	2 733.57
京津冀	243.1	3 328.7
长三角	485.3	9 451.6

数据来源：第四次全国经济普查。

2018 年年末，重庆主城都市区拥有法人单位 37.8 万个，比 2013 年年末增加了 3.3 个百分点，法人单位从业人员 765.40 万人，比 2013 年年末提高了 2.2 个百分点；渝东北三峡库区城镇群法人单位 9.28 万个，降低了 4.5 个百分点，从业人员 162.77 万人，下降了 2.9 个百分点；渝东南武陵山区城镇群法人单位 4.21 万个，增加了 1.2 个百分点，从业人员 50.98 万人，提高了 0.7 个百分点。

2018 年年末，成都平原经济区拥有法人单位 47.80 万个，比 2013 年年末提高了 10.0 个百分点，法人单位从业人员 992.25 万人；川南经济区法人单位 9.67 万个，下降了 4.0% 个百分点，法人单位从业人员 264.59 万人；川东北经济区法人单位 13.09 万个，下降了 1.9 个百分点，法人单位从业人员 296.05 万人；攀西经济区法人单位 3.41 万个，法人单位从业人员 72.85 万人；川西北生态示范区法人单位 2.23 万人，法人单位从业人员 28.94 万人。将川渝八个区域进行对比发现，在法人单位数量中，由高到低排列依次为：重庆主城都市区、成都平原经济区、渝东北三峡库区城镇群、川东北经济区、川南经济区、渝东南武陵山区城镇群、攀西经济区、川西北生态示范区。在法人单位从业人员中，由高到低排列依次为：重庆主城都市区、成都平原经济区、川东北经济区、川南经济区、渝东北三峡库区城镇群、攀西经济区、渝东南武陵山区城镇群、川西北生态示范区。川渝分区域法人单位及从业人员数量见表3-7。

表3-7　川渝分区域法人单位及从业人员数量①

省市	区域	法人单位		法人单位从业人员	
		数量/万个	比重/%	数量/万人	比重/%
重庆	主城都市区	37.8	73.7	765.40	78.2
	渝东北三峡库区城镇群	9.28	18.1	162.77	16.6
	渝东南武陵山区城镇群	4.21	8.2	50.98	5.2
四川	成都平原经济区	47.80	62.7	992.25	60.0
	川南经济区	9.67	12.7	264.59	16.0
	川东北经济区	13.09	17.2	296.05	17.9
	攀西经济区	3.41	4.5	72.85	4.4
	川西北生态示范区	2.23	2.9	28.94	1.7

近年来，重庆大数据智能化产业初步构建形成了由芯片、液晶面板、智能终端、核心零部件、物联网组成的"芯屏器核网"，吸引了紫光、华

---

① 重庆：主城都市区（渝中区、大渡口区、江北区、沙坪坝区、九龙坡区、南岸区、北碚区、渝北区、巴南区、涪陵区、长寿区、江津区、合川区、永川区、南川区、綦江区、大足区、璧山区、铜梁区、潼南区、荣昌区）；渝东北三峡库区城镇群（万州区、开州区、梁平区、城口县、丰都县、垫江县、忠县、云阳县、奉节县、巫山县、巫溪县）；渝东南武陵山区城镇群（黔江区、武隆区、石柱县、秀山县、酉阳县、彭水县）。

四川：成都平原经济区（成都、德阳、绵阳、遂宁、乐山、眉山、雅安、资阳）；川南经济区（自贡、泸州、内江、宜宾）；川东北经济区（广元、南充、广安、达州、巴中）；攀西经济区（攀枝花、凉山）；川西北生态示范区（阿坝、甘孜）。

为、阿里、腾讯等一大批知名企业落户。以汽摩、电子、装备、材料、生物医药、消费品等为支柱的主导产业实现快速发展。

四川省于 2021 年明确提出培育电子信息、装备制造、食品饮料、先进材料、能源化工 5 个万亿级支柱产业和以数字经济为主体的"5+1"现代产业体系。2018—2021 年，四川五大支柱产业营业收入由 3.8 万亿元提高到 4.9 万亿元。近年来，四川把发展特色优势产业和战略性新兴产业作为主攻方向，着力建体系、育集群、增动能、强主体，初步构建起具有四川特色优势的现代产业体系。

统计数据显示，2020 年四川省工业企业全年实现营业收入达到46 218.17亿元。其中，电子制造业、装备制造业、先进材料产业、能源化工与消费品产业领域占比较大。同期，重庆工业主营业务收入 22 961.21亿元，电子、装备、材料产业优势明显，2020 年川渝两地工业营收规模情况见图 3-1。

图 3-1　2020 年川渝两地工业营收规模对比

从重庆、四川、成都细分工业产业营收规模（见表 3-8）可以看出，川渝排前十的工业行业出现重叠，但各有侧重点，且在产业营收规模上也有一定差距，其中计算机、通信和其他电子设备制造业营收规模都位于三大区域的第一位，营收规模四川省最大，重庆、成都次之。重庆营收规模排前三的工业行业为计算机、通信和其他电子设备制造业，汽车制造业，电气机械和器材制造业；四川为计算机、通信和其他电子设备制造业，非金属矿物制品业，酒、饮料和精制茶制造业；成都为计算机、通信和其他电子设备制造业，汽车制造业，电力、热力生产和供应业。

表 3-8 2020 年重庆、四川、成都排名前十细分工业产业营收规模对比

省市	重庆		四川		成都	
排名	产业名称	营收规模/亿元	产业名称	营收规模/亿元	产业名称	营收规模/亿元
1	计算机、通信和其他电子设备制造业	5 591.51	计算机、通信和其他电子设备制造业	6 815.44	计算机、通信和其他电子设备制造业	4 348.3
2	汽车制造业	4 093.94	非金属矿物制品业	4 122.0	汽车制造业	1 247.8
3	电气机械和器材制造业	1 149.25	酒、饮料和精制茶制造业	3 649.74	电力、热力生产和供应业	1 244.5
4	非金属矿物制品业	1 403.37	农副食品加工业	2 572.86	非金属矿物制品业	716.7
5	铁路、船舶、航空航天和其他运输设备制造业	872.74	黑色金属冶炼和压延加工业	2 487.14	铁路、船舶、航空航天和其他运输设备制造业	662.8
6	通用设备制造业	852.6	化学原料和化学制品制造业	2 467.85	医药制造业	578.6

表3-8(续)

省市	重庆		四川		成都	
排名	产业名称	营收规模/亿元	产业名称	营收规模/亿元	产业名称	营收规模/亿元
7	农副食品加工业	842.86	汽车制造业	2 375.68	电气机械和器材制造业	516.6
8	电力、热力生产和供应业	822.97	电力、热力生产和供应业	2 348.24	金属制品业	404.7
9	化学原料和化学制品制造业	760.44	金属制品业	1 721.47	石油和天然气开采业	360.2
10	有色金属冶炼和压延加工业	745.32	通用设备制造业	1 494.60	通用设备制造业	351.7

　　从川渝两地工业从业人员规模（见图3-2）看，2020年四川省工业平均用工人数共有约301.69万人，重庆为151.81万人，仅为四川省的50.32%。从各细分产业从业人员占比看，四川省先进材料产业、消费品产业、电子制造业人数占比最大，分别达到34%、25%和18%；重庆各产业平均用工人数主要集中在装备制造业、先进材料产业和电子制造业，三个行业人数占比达到工业总从业人数的80%左右。重庆工业平均用工人员排前三的行业为计算机、通信和其他电子设备制造业，汽车制造业，非金属矿物制品业；四川为计算机、通信和其他电子设备制造业，非金属矿物制品业，酒、饮料和精制茶制造业（见表3-9）。

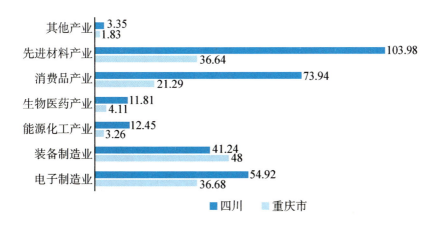

图 3-2 2020 年川渝两地工业平均用工规模对比

表 3-9 川渝排名前十细分工业产业平均用工人数

省市	四川		重庆	
排名	产业名称	从业人员/万人	产业名称	从业人员/万人
1	计算机、通信和其他电子设备制造业	41.42	计算机、通信和其他电子设备制造业	27.95
2	非金属矿物制品业	26.08	汽车制造业	26.23
3	酒、饮料和精制茶制造业	18.78	非金属矿物制品业	10.86
4	非金属矿物制品业	26.08	铁路、船舶、航空航天和其他运输设备制造业	10.32
5	化学原料和化学制品制造业	15.27	通用设备制造业	7.38
6	电力、热力生产和供应业	14.64	电气机械和器材制造业	6.77
7	农副食品加工业	13.77	金属制品业	5.45
8	汽车制造业	13.34	农副食品加工业	5.14
9	医药制造业	11.83	化学原料和化学制品制造业	4.28
10	通用设备制造业	11.46	橡胶和塑料制品业	3.89

（二）人力资源与产业契合度

1. 结构偏离度分析

结构偏离度是衡量经济结构中产业结构与就业结构是否达到均衡状态[①]的标准，是指各产业的产值比重与就业人数比重的商与 1 的差，是表示各产业的产值与各产业的劳动力的差异程度。公式为

$$\text{结构偏离度：} S_i = \frac{X_i / X_t}{Y_i / Y_t} - 1$$

$$\text{总偏离度：} T = \sum | S_i |$$

$$\text{某产业对总偏离度的贡献率} = \frac{\text{某产业偏离度的绝对值}}{\text{所有产业偏离度的绝对值之和}}$$

根据上述公式，若 $S=0$，则人才结构在相应分析因素 X 下是均衡的，不存在偏离问题；若 $S<0$，则表示人才供给过多，绝对数量过大，存在"供大于求"的人才结构失衡现象，反之 $S>0$ 则存在人才"供不应求"的失衡状态，四川、成都、重庆产业人才结构与产业需求总偏离度系数，各产业偏离度，偏离度贡献率可见图 3-3、图 3-4、图 3-5。

图 3-3 2010—2021 年重庆、四川、成都产业人才结构与产业需求总偏离度系数

[①] 王阳，赵海珠. 就业结构与产业结构失衡问题研究 [J]. 中国人口科学，2022（2）：74-85，127.

	成都	四川省	重庆
■第一产业	−0.789	−0.670	−0.686
■第二产业	0.092	0.500	0.901
■第三产业	0.142	−0.766	−0.722

■第一产业　■第二产业　■第三产业

图 3-4　2021 年川渝各产业偏离度

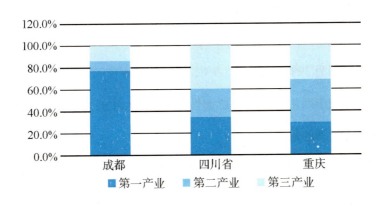

■第一产业　■第二产业　■第三产业

图 3-5　2021 年川渝各产业偏离度贡献率

　　成都产业总偏离度系数低于四川和重庆，系数在 0.9 到 1.3 之间，说明成都人才资源与产业结构发展更为合理和协调。2010—2017 年四川产业总偏离度高于重庆，2018 年重庆高于四川，说明近年来四川产业结构调整效果良好，从整体上看，四川和成都的三大产业结构的总偏离度呈下降态势，人才资源与产业结构逐渐协调；2018—2021 年重庆产业结构总偏离度缓升，说明近几年重庆产业结构调整效果不佳。从图 3-4、图 3-5 各产业人才结构与产业需求的偏离度情况我们看出，重庆、四川、成都三大区域人才结构与产业需求的偏离程度情况及特点：

第一产业剩余劳动力规模较大，是总偏离度贡献最大的产业，说明第一产业的人才结构与产业需求不协调性最大，且成都市第一产业的人才结构与产业需求偏离度为-0.789，绝对值高于四川省和重庆，其对总偏离度的贡献率为77.1%，高于四川（34.6%）和重庆（29.7%），说明第一产业劳动力仍然有向外转移的潜力，且成都潜力大于四川和重庆。

第二产业仍有吸纳劳动力的能力，重庆、四川、成都第二产业的人才结构与产业需求偏离度始终为较大的正值。从总体上看，重庆第二产业偏离度（0.9）高于四川（0.5）和成都（0.09），重庆、四川、成都的偏离度贡献率分别为39%、25.8%、9%，由此说明重庆第二产业的人才结构与产业需求相较于四川和成都不协调性最大[①]，人才的培养和供给不能较好地适应产业发展的需求。

四川第三产业的人才结构与产业需求偏离度相对于重庆和成都最高，其贡献率也最高，说明四川省第三产业的人才结构与产业需求之间处于不均衡状态，其对总偏离度的贡献率逐年上升的状况也说明了四川省第三产业吸纳劳动力的能力在不断增强。

2. 产业结构与就业结构协调性分析

产业结构与就业结构的协调系数是将产业结构和就业结构整合起来的

---

① 卫平，任安然，李健. 中国产业结构和就业结构的关系研究：基于协调性和冲击性视角分析［J］. 经济问题探索，2015（11）：54-62.

数值,该系数从整体上反映产业结构与就业结构之间的协调发展和相似程度①。协调系数越接近于 1,表明产业结构与就业结构间协调度越高,发展均衡;协调系数越接近于 0,则表明其协调度差,发展不均衡。产业结构与就业结构协调系数的计算公式为:

$$H_{xy} = \sum_{i=1}^{n}(X_i Y_i) / \sqrt{\sum_{i=1}^{n} X_i^2 \sum_{i=1}^{n} Y_i^2}$$

其中,H_{xy} 介于 0 和 1 之间,为产业结构与就业结构的协调系数;X_i 为第 i 产业增加值比重;Y_i 为第 i 产业就业人数比重,2010—2021 年川渝产业结构与就业结构的协调系数变化趋势如图 3-6 所示。

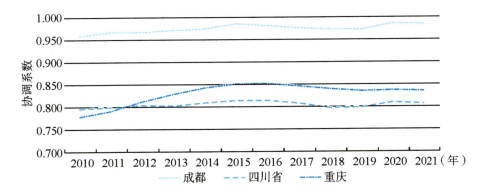

图 3-6　2010—2021 年四川、重庆、成都产业结构与就业结构的协调系数变化趋势

2010—2021 年成都产业与就业的协调系数明显高于重庆和四川,从整体上看,三个地区的产业与就业协调系数都呈上升趋势,在 2021 年成都、重庆、四川的产业与就业协调系数分别为:0.985 4、0.807 6、0.836 4。成都数值最高,由此可说明成都产业与就业之间的协调度高于重庆,发展更为均衡。

---

① 冀强,巴森达西. 中国产业结构与就业结构协调度的时空分布研究 [J]. 河南社会科学,2020,28 (11):103-114.

第三节　成渝地区双城经济圈人才培育及引进现状

一、人才培育

（一）高校数量

截至 2021 年年底，川渝地区与国内部分省（自治区、直辖市）普通高校数量统计见表 3-10。重庆普通高校有 69 所，在西部地区低于四川；与直辖市相比，高于天津、上海，低于北京。其中，重庆部属高校、本科院校低于四川，低于北京、上海，高于天津、广东。高职（专科）院校低于四川、广东，但数量领先于天津、上海。

表 3-10　2021 年国内部分省市普通高校数量统计

地区	合计	本科院校	高职（专科）院校	其中：中央部门办
北京	92	67	25	39
天津	56	30	26	3
上海	64	39	25	10
广东	160	65	95	4
重庆	69	26	43	2
四川	134	52	82	6

截至 2021 年 9 月，川渝地区普通高校数量与其他部分地区数量统计如图 3-7 所示。川渝地区拥有普通高校 203 所，略高于广东地区的 150 所，但远低于京津冀地区、长三角地区的 271 所和 461 所[①]。

[①]　中华人民共和国教育部. 全国高等学校名单［EB/OL］.（2021-10-25）［2023-08-10］. http://www.moe.gov.cn/jyb_xxgk/s5743/s5744/A03/202110/t20211025_57984.html.

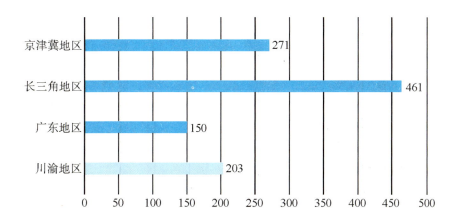

图 3-7　2021 年川渝地区普通高校数量与其他部分地区数量统计

截至 2021 年年底，国内主要城市群"双一流"大学数量统计见图 3-8，川渝地区"双一流"大学仅 10 所，都远低于长三角地区（35 所），京津冀地区（41 所）。由于港澳地区高校未纳入国家"双一流"建设，因此广东地区只有 5 所"双一流"大学①，但可从夸夸雷利·西蒙兹公司（Quacquarelli Symonds，QS）测算的世界大学排行榜（QS World University Ranking）在 2020 年排名前 500 所的学校来看，大湾区高校实力不亚于其他地区。

截至 2021 年年底，国内主要城市群进入 QS 世界大学排名统计见表 3-11，从世界大学 2021 年排名前 500 所情况来看，京津冀地区有 8 所，长三角地区有 7 所，粤港澳地区有 9 所。而川渝地区没有一所大学进入 QS 世界大学排名前 500。

① 南方日报. 第二轮"双一流"建设高校名单公布　广东 8 所大学上榜［EB/OL］.（2022-02-15）［2023-08-10］.http://www.gd22.gov.cn/zgxc/gdyw/content/mpost_14669.html.

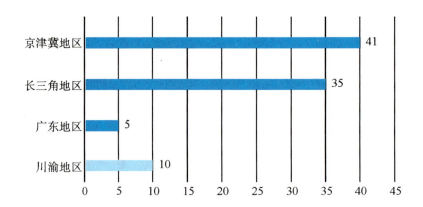

图 3-8　2021 年国内主要城市群"双一流"大学数量统计

表 3-11　2021 年国内主要城市群进入 QS 世界大学排名情况

地区	排名	大学	数量/所
京津冀 （8 所）	前 50	清华大学（15）、北京大学（23）	2
	前 201～500	北京师范大学（279）、南开大学（377）、天津大学（387）、北京理工大学（392）、北京科技大学（446）、北京航空航天大学（449）	6
长三角 （7 所）	前 50	复旦大学（34）、上海交通大学（47）	2
	前 51～100	浙江大学（53）、中国科技大学（93）	2
	前 101～200	南京大学（124）	1
	前 201～500	同济大学（256）、上海大学（387）	2
粤港澳 （9 所）	前 50	香港大学（22）香港科技大学（27）、香港中文大学（43）、香港城市大学（48）	4
	前 51～100	香港理工大学（75）	1
	前 201～500	香港浸会大学（264）、中山大学（263）、澳门大学（367）、华南理工大学（462）	4
成渝	前 500	无	0

（二）高校教师情况

截至 2021 年年底，国内部分省市高校专任教师学位、职称结构统计见表 3-12，重庆专任教师中博士占比 26.03%，正高级占比 11.66%，高于四川省，高于西部省区平均水平，但低于全国平均水平，也低于其他直辖市。四川专任教师中博士占比、正高级占比同样低于全国平均水平。

表 3-12 国内部分省市高校专任教师学位、职称结构分析 单位:%

类别	博士占比	正高级占比
全国高校平均水平	28.15	13.00
直辖市高校平均水平	51.55	20.11
其中：北京市	69.32	28.39
上海市	58.99	11.68
天津市	40.43	19.85
重庆市	26.03	11.66
西部省区平均水平	22.29	11.35
其中：四川省	21.99	10.21
陕西省	35.48	13.75
贵州省	17.17	10.04
云南省	17.59	10.43

数据来源:《中国教育统计年鉴》

二、平台建设

（一）国家级平台情况

截至 2021 年年底，重庆市级科研机构、市属院所总量高于四川，而中央在地院所低于四川，如表 3-13 所示。

表 3-13　重庆、四川科研机构数量及分布情况

地区	科研机构数量	中央在地院所	市属院所数量
重庆	223	16	121
四川	139	12	54

截至 2021 年年底，重庆、四川科研中心数量及分布情况如表 3-14 所示，重庆市国家级重点实验室、国家工程技术研究中心、地方科研机构等科研平台数量少于四川。

表 3-14　重庆、四川科研中心数量及分布情况

地区	国家级重点实验室	国家工程技术研究中心	大科学装置	地方科研机构
重庆	11	10	5	538
四川	16	16	10	208

截至 2021 年年底，国内部分城市群人才平台资源比较如表 3-15 所示，川渝地区大科学装置、国家重点实验室等重大科研平台较为薄弱，"双一流"高校数量仅为 10 所（重庆仅 2 所），不及京津冀、长三角的 1/3，国家级重点实验室不到京津冀的 1/3、长三角的 2/5，国家企业技术中心、国家孵化器、独角兽企业数量均远远低于京津冀、长三角地区。

表 3-15　国内部分城市群人才平台资源比较

	项目	长三角	京津冀	粤港澳（广东）	川渝	重庆	四川
人才平台	大科学装置（个）	23	9	4	10	1	9
	国家级重点实验室（个）	101	154	31	26	10	16
	国家工程技术中心（个）	73	87	22	46	30	16
	"双一流"高校（所）	36	41	2	10	2	8
	国家企业技术中心（个）	386	195	22	109	30	79
	国家孵化器（个）	292	119	—	45	16	29

（二）学科建设

根据第二轮"双一流"建设高校及建设学科名单，截至 2021 年年底，国内部分省市"双一流"学科建设情况统计见表 3-16，川渝地区进入国家"双一流"建设的学科偏少。川渝地区有 10 所高校、18 个学科，总体低于北京、上海。其中，重庆市仅 4 个学科进入建设名单，其中 3 个为自选，远低于四川的 14 个。全国第四轮学科评估川渝地区与部分省市对比见表 3-17，全国第四轮学科评估川渝地区高校 A 类学科只有 35 个，远低于北京、上海。其中重庆没有学科入选 A+档，A 档仅有 1 个。

表 3-16　国内部分省市第二轮"双一流"建设高校及建设学科

省市	"双一流"建设高校数量	一流学科数量
北京	34	162
上海	15	57
湖北	7	33
四川	8	14
陕西	8	17

表3-16(续)

省市	"双一流"建设 高校数量	一流学科数量
广东	8	18
天津	5	12
重庆	2	4

数据来源：教育部、财政部、国家发展改革委公布《第二轮"双一流"建设高校及建设学科名单》。

表 3-17　全国第四轮学科评估川渝地区与部分省市对比

省市	A+	A	A-	B+	B	B-	C+	C	C-	A类合计	合计
北京	87	39	59	97	67	55	71	49	48	185	572
天津	2	9	20	31	16	12	20	20	21	31	151
上海	25	27	36	67	54	34	40	29	27	88	339
广东	4	3	24	43	40	44	39	32	26	31	255
湖北	12	10	27	50	38	33	32	36	31	49	269
陕西	5	7	13	55	36	37	29	24	32	25	238
四川	5	2	20	32	30	19	28	31	32	27	199
重庆	0	1	7	24	21	23	20	9	7	8	132

（三）重点产业的人才培养情况

重庆与成都重点产业结构相似度高如表3-18所示。从主导产业看，由于中西部地区传统制造业发展程度较高，大多数城市均将装备、汽车等产业链较长、附加值较高的产业列入重点产业，其中6个城市选择装备制造业，5个城市选择汽车、医药健康、新材料产业。消费品和化工产业由于受地区要素供给情况和环保等因素影响，同质化程度较低。

表 3-18　中西部地区部分城市主要产业比较分析

地区	电子信息	装备	汽车	消费品	医药健康	新材料	化工	航空	旅游	物流	特色农业	电子商务	数字经济
重庆	√	√	√	√	√	√	√						
成都	√	√	√	√	√	√		√					
西安		√	√			√		√		√			
武汉	√	√	√		√	√							
长沙	√	√	√			√							
贵阳		√		√	√		√						√
昆明					√				√	√	√		
南宁					√					√		√	√
总计	4	6	5	2	5	5	2	3	1	3	1	1	2

从重点产业的相关专业本硕以及博士招生数量看，重庆低于成都。如图 3-9 所示，2019 年，重庆市制造业相关专业招生人数为 27 254 人；成都市制造业相关专业招生人数为 50 824 人。其中，重庆市电子信息类、装备制造类、材料类专业的招生规模仅约为成都市的 1/2，重庆市医药类专业招生规模则约为成都市 1/4。

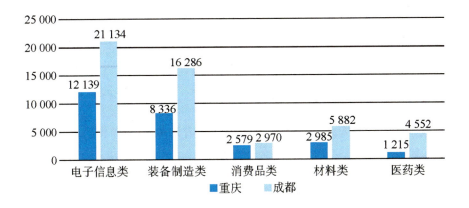

图 3-9　2019 年重庆、成都制造业相关专业招生数量对比

从人才培养层次来看，重庆市研究生培养能力总体低于成都市（如图3-10所示），其中装备制造领域与成都市相对接近，电子信息、消费品、材料、医疗等产业与成都市差距较大。

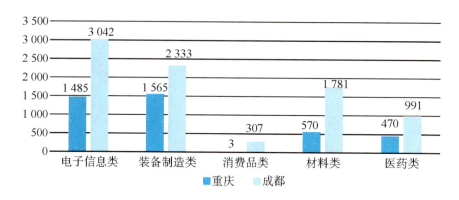

图3-10　2019年重庆、成都研究生拟定培养数量对比

三、人才引进与流动

（一）人才引进

2019年，川渝两地从外籍人才情况看，川渝地区持A类长期工作证（A证）的外国高端人才1 293人，其中，重庆持A证的外国高端人才466人。四川持A证的外国高端人才827人。与长三角、京津冀、广东地区的外国高端人才相比相对不足，仅为长三角地区的4.5%、广东地区的12.2%、京津冀的25.5%。

成渝地区本地人才国际化水平不高，具有海外留学背景的人才不多，熟悉国际惯例、市场交易规则和市场规律的人才较少。据BOSS直聘研究，2019年应届海归人才仅有1.2%分布在重庆，而成都则有4.1%，成渝地区海归人才分布比例与上海、北京等地差距较大，如图3-11所示。

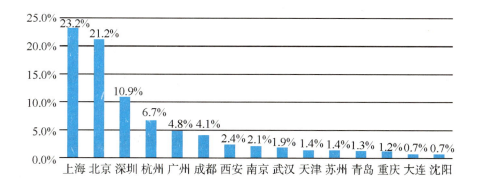

图 3-11　2019 年应届海归人才分布比例最多的 15 个城市

（二）人才流动

1. 本地高校毕业生流向

从本地高校省（自治区、直辖市）内生源占比、就业占比来看，四川均高于重庆。但是重庆的市内就业占比高于市内生源占比；而四川的省内就业占比低于省内生源占比。

重庆、四川高校毕业生就业流向比较见表 3-19。重庆市高校毕业生市内生源占比 63.53%，市内就业占比 57.52%，市外就业占比 42.48%。市外就业区域主要为东部地区（14.23%）和四川省（8.01%）。

四川省高校毕业生省内生源占比 85.77%，省内就业占比 75.10%，省外就业占比 24.90%。省外就业比例最高依次为广东省(4.02%)、重庆市（3.19%）。

表 3-19　2021 年重庆、四川高校毕业生就业流向比较　　单位:%

地区	省（市）内 生源占比	省（市）内 就业占比	省（市）外 就业占比
重庆	63.53	57.52	42.48
四川	85.77	75.10	24.90

2. 成渝两地人才流动

据成都市公安局和重庆市公安局统计，2021 年，成都市净流入人口 28.5 万人（其中 18~59 岁劳动年龄人口占比近八成），重庆市净流入人口 3.5 万人。

据智联招聘数据统计，2021 年，成都人才吸引指数达到 70.5%，位居全国第 6 名，而重庆人才吸引指数为 40.6%，位居全国第 20 名；选择成都工作机会的异地人才 226.8 万人次，重庆为 67.5 万人次。从人才流动情况来看，成渝两地之间人才流动总体上重庆流向成都的逆差约 13 万人，说明成都对人才的吸引能力总体比重庆要高。

2021 年成都共有 201.4 万人次选择外地工作机会，总量前三位的分别为：重庆 24.3 万人次，约占 12.1%；北京 20.9 万人次，约占 10.4%；深圳 14.4 万人次，约占 7.1%。而重庆共有 127.3 万人次选择外地工作机会，总量前三位的分别为：成都 37.9 万人次，北京 11.4 万人次，深圳 9.9 万人次。

第四节　成渝地区双城经济圈人才服务与管理现状

一、人才市场化服务

重庆市人力资源服务机构数量相较于成都市的数量存在较大差距，服务能力相对较弱、发展水平不高。2021 年，重庆市共有人力资源服务机构 2 846 个，总的服务人数为 1 255.9 万人次。成都市共有人力资源服务机构 3 158 个，总的服务人数为 1 848.54 万人次。重庆市猎头服务机构数量规模自 2008 年以来从十余家增加至两百余家，而成都市猎头服务机构数量仅次于上海、北京、深圳，位列全国第四。

从人力资源服务产品构成看，重庆市人力服务以劳务派遣为主，营收占比达到 62.07%，人力培训、猎头服务等高端人力服务营收占比不到 0.4%。总体来看，重庆市人力资源服务市场处于较低水平，整体市场化程度不高，重庆、成都人力资源服务市场发展对比见图 3-12。

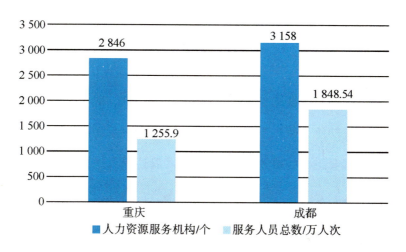

图 3-12　重庆、成都人力资源服务市场发展对比

二、人才公共服务

川渝两地缺乏多元的投融资平台，对创新创业的金融支持不够，各类基金数量不足、规模不大，如表 3-20 所示。川渝地区基金数量仅为京津冀的 8.3%、长三角的 3.3%，基金管理人数也远远小于京津冀、长三角地区。2021 年川渝两地 R&D 经费支出仅占 GDP 的 2.26%，远低于京津冀（4.1%）、长三角（3.4%），国家技术转移示范机构数量不到京津冀的40%。川渝两地公共服务水平与东部发达地区差距较大，教育、医疗等优质资源高度集中在成都、重庆主城都市区，国际化社区、学校、医院等尚

处于起步阶段，人才公寓建设与京津冀全覆盖推行"人才安居工程"存在较大差距。

表 3-20　2021 年部分城市群投资基金对比情况

名称	京津冀	长三角	成渝地区
私募基金管理人数/人	5 115	7 961	764
管理基金数/支	20 925	53 125	1 736

三、人才管理

在人才引进平台建设方面，北京、上海、深圳、武汉、成都均利用驻外机构，如驻外使（领）馆、驻外人才工作站等开发国际人才，积极发挥各类群团与社会组织的招才引智作用①。武汉还深入挖掘校友资源，在国内外建立校友服务中心，开展人才的对接服务。浙江、江苏两地还以赛引才，举办各类创新创业大赛聚才、荐才。相较而言，重庆对人才储备资源网络的建设还不够完善，没有充分发挥现有机构及组织精准引才的作用。如在科技企业孵化器平台建设方面，重庆与北上广及周边的四川、湖北地区相比还存在明显短板，在科技人才吸引和集聚方面缺乏竞争优势。

重庆结合实际改革了职称评定，不再将论文作为评价应用型人才的限制性条件，对职称外语和计算机应用考试不作统一要求，同时将尚未设置正高级职称的职称系列均设置到正高级；还为高层次人才、入选"鸿雁计划"的海内外英才、港澳台专业技术人才以及满足条件的外籍人员打通职称评定"绿色通道"；放宽 35 岁及以下的优秀青年人才申报评审正高级职

---

① 汪梦，赵曙明. 中国人才管理研究的热点与趋势分析（1979—2022）[J]. 四川大学学报（哲学社会科学版），2023（1）：173-185，200.

称的数额限制，大大地拓展了专业技术人员的发展空间。除此之外，重庆规定，经批准离岗创业或兼职的专业技术人才可按规定正常申报职称，承认其创业、兼职业绩；建立了"双师制"，打通高技能人才与工程技术人才职业发展通道，鼓励人才流动。总体看来，重庆关于人才职称评定的机制是比较完善的，但向基层一线人才、留学归国人才、博士后研究人员倾斜较少。

成都实现职称证书异地互认，并为在基层和一线工作的普通高校毕业生和专业技术人才降低职称审批年限、学历限制，为外地人才、基层一线人才职称职务晋升提供了便利。北京为自由职业人才开通了职称申报渠道；基层人才可单独评审、优先评聘；推动外籍人才资质互认，全方位畅通了各类人才晋升通道。江苏通过建立博士后职称评审绿色通道、提高高级职称中青年人才比例来优化专业技术人才年龄梯次结构，并且各类人才优先享受各类计划的评选推荐，极力帮助引进的人才向更高水平发展。广州、上海规定海外高层次留学人才回国可通过"直通车"比照国内同类人员直接申报高级职称。在职称管理服务方面，《重庆深化职称制度改革实施意见》明确，要下放职称评审权限。深圳给予用人单位更大的"自主评价"权，依法下放正高级职称评审权，向符合条件的地级市、县（市、区）分别依法下放副高级、中级职称评审权，并且首创"举荐制"人才扶持方式，通过组建深圳青年英才举荐委员会，以选才荐才。

另外，重庆实施"科技特派员选派计划""万名专家服务基层行动计划"等，推动人才、项目和资源下沉乡村，畅通人才在市内的流动，但未实现省际人才的资源共享。北京与天津、河北两地进行的"京津冀人才一体化发展工程",江浙沪皖四地联动建立的"长三角人才一体化发展城市联盟"、广东与港澳两地建设的"粤港澳人才合作示范区",均依托人才的互认共享,实现政策互通、平台共建、智力共用,促进人力资源的有效流动和优化配置。

第四章　成渝地区双城经济圈人才发展水平及协同度分析

　　人才资源是一个多要素多层次的系统，这种系统性决定着人才资源开发的整体性①。人才资源开发的整体性不仅包括人才素质的整体性开发，不同层次、不同类型人才的整体性开发，还包括人才资源系统与外部环境的整体性开发。在一定的区域范围内，人才开发依赖于区域经济和社会的发展，应服从区域发展的总体规划；同时，区域经济社会发展又离不开人才资源的开发②。协同发展是促进区域协调发展和区域人才一体化开发的长远选择③，是实现成渝地区双城经济圈人才发展由无序转向有序、由各自为政走向有效整合的必由之路。

　　因此，本部分主要包括两方面内容：一是评价区域人才发展水平；二

---

　　① 董亚宁，顾芸，杨开忠. 公共服务、人才资源空间重配与创新增长差异：基于新空间经济学的研究 [J]. 西南民族大学学报（人文社科版），2020，41（6）：108-118.

　　② 萧鸣政，张睿超. 区域人才开发指数的实证研究：基于广东省的样本调查与分析 [J]. 科技管理研究，2022，42（7）：79-86.

　　③ 周仲高，游霭琼，徐渊. 粤港澳大湾区人才协同发展的理论构建与推进策略 [J]. 广东社会科学，2019（6）：91-101.

是测度区域人才协同发展程度。具体来看，在评价区域人才发展水平的基础上，本书运用耦合协调度模型综合分析成渝地区双城经济圈人才协同发展水平，并与京津冀、长三角等地区协同发展水平进行对比分析，探究当前成渝地区双城经济圈人才协同存在的问题及短板。

第一节　区域人才发展水平评价

通过对成渝地区双城经济圈、京津冀、长三角等区域的人才发展水平进行评价，掌握当前各区域人才发展水平状况，是进一步分析区域人才协同的基础和前提。该部分主要从指标体系构建、水平评价等方面展开系统分析。

一、区域人才发展水平评价指标体系的构建

（一）指标体系构建原则

1. 系统性原则

影响区域人才发展水平的政治、经济、文化等因素构成了一个综合的系统。这是一个多层次的动态系统。区域人才发展水平指标体系必须遵循系统性原则[①]，从科技创新人才引培、使用、管理服务等全过程出发，全面反映影响区域人才发展水平的各种因素。

2. 以人为本原则

选定区域人才发展水平评价指标必须从有利于人才发展的角度出发，选择的指标应综合考虑人才所追求的个人经济利益与包括社会地位、精神

---

① 谨素静，钟若恩. 城市人才发展环境指数构建及区域差异比较［J］. 统计与决策，2022，38（19）：31-35.

激励等在内的社会利益，体现以人为本的原则①。

3. 可比性原则

构建区域人才发展水平评价指标体系必须遵循可比性原则，要做到指标口径一致，相互可比②。该指标体系应该便于各个城市之间的相互比较，也应该满足同一个城市在不同时期的比较评价。

4. 可操作性原则

区域人才发展水平评价指标体系的建立应从我国国情和人才流动现状出发，努力做到理论与实践相结合，需要与可能相统一，并力求指标含义明确，便于操作，从而为评价区域人才发展水平提供依据。

(二) 指标体系的具体构建

人才协同发展是实现成渝地区双城经济圈建设战略目标的智力支撑和重要保障，是成渝地区双城经济圈人才高地建设的关键一环。本书基于已有理论和相关研究成果，从数据的可得性、科学性、动态性和一致性出发，依据成渝地区双城经济圈人才发展的实际，从人才数量与质量、投入与产出以及环境等维度系统构建区域人才发展水平评价指标体系（见表4-1)③。

---

① 周仲高，游霭琼，徐渊. 粤港澳大湾区人才协同发展的理论构建与推进策略 [J]. 广东社会科学，2019 (6)：91-101.

② 萧鸣政，朱玉慧兰. 区域人才发展环境指数研究：基于广东省21个地市的调查样本 [J]. 行政论坛，2022，29 (3)：131-138.

③ 邱晓星，徐中. 京津冀区域人才协同发展机制研究 [J]. 天津师范大学学报（社会科学版），2016 (1)：37-45.

表 4-1　区域人才发展水平评价指标体系

一级指标	二级指标	三级指标
区域人才发展水平	人才规模	全部从业人员数量/万人
		从事科技活动人员数/万人
		大专及以上人数/万人
		15~60 岁人口数/人
		高等学校毕业生人数/万人
		卫生技术人员数/万人
	人才质量	人才自然密度（各类专业技术人员数/土地面积）/人·平方千米$^{-1}$
		人才经济密度（各类专业技术人员数/地区 GDP）/人·万元$^{-1}$
	人才投入	地方财政科学技术支出/亿元
		地方财政教育支出/亿元
		R&D 经费支出/万元
	人才产出	专利申请/项
		专利授权数/项
	人才环境	人均 GDP/元
		城市居民人均可支配收入/元
		城市绿化覆盖率/%
		人均公共绿地面积/平方米·人$^{-1}$
		城镇人均拥有道路面积/平方米

二、评价方法

　　关于区域人才发展水平的评价是多指标多层级的综合评价，其评价方法是把多个描述区域人才发展水平的不同方面且不同量纲的统计指标，通过无量纲化方法将原始数据处理为相对评价值，然后在对各评价指标进行赋权的基础上，综合这些相对评价值以得出对区域人才发展水平的一个整体评价的方法系统①。多指标多层级综合评价方法大多采用"两步逐级累进"评价。第一步,对原始决策矩阵进行无量纲化处理,形成新的可比较的标准决策矩阵;第二步,在确定各指标权重的基础上,综合标准决策矩阵对区域人才发展水平进行整体性比较和评价②。"逐级累进"评价方法是指,由于区域人才发展水平评价指标体系由三级指标构成,各级指标间应分别赋权和评价,故应从低层级指标着手,从低层级指标逐步演算到高层级指标,最终得到整体评价的方法。"逐级累进"评价是针对多指标多层级指标体系的综合评价方法系统,具体操作方法为:先对三级指标进行无量纲化处理和赋权,得到二级指标;再对二级指标无量纲化处理和赋权,得到一级指标;最后对三个一级指标无量纲化处理和赋权,得到区域人才发展水平。因此,关于区域人才发展水平的评价主要围绕解决指标赋权和评价方法两个问题展开。

（一）指标权重

各指标权重的确定是评价区域人才发展水平的关键③。权重是指各指标在整个指标体系中的重要程度,权重产生的方法可分为主观赋权法和客观赋权法。其中主观赋权法主要是根据专家经验的主观判断而确定权重,主要有层次分析法、德尔菲法、模糊评价法等;客观分析法则是依据各指标间的相关关系或变异系数而得到指标权重,主要有熵值法、变异系数

① J ROWLEY. Is Higher Education Ready for Knowledge Management [J]. The Internation of Journal of Education Management, 2003, (3): 92-96.
② 刘佐菁, 陈杰, 苏榕. 广东省科技人才竞争力评价与提升策略 [J]. 科技管理研究, 2018, 38 (22): 134-141.
③ 司江伟, 韩晓静, 沈克正. 山东省人才竞争力评价体系的构建与实例测算 [J]. 统计与决策, 2017 (2): 100-103..

法、主成分分析法等。主观赋权法是根据专家经验的主观判断，赋权结果更加符合实际情况，但其主观随意性强，易受评价主体自身素质局限的影响；客观赋权法依据指标间的关系进行赋权，赋权结果具有较强的数学理论依据，但过多地关注指标间的差异程度和数学演算，容易忽略指标的现实意义。因此主客观赋权方法各有优劣势，我们在区域人才发展水平评价过程中应坚持主客观相结合的赋权方法，使得评价结果更科学更合理。

1. 主观赋权法——层次分析法

由于区域人才发展水平评价指标体系具有多指标多层级以及多目标的特征，因此在主观赋权中选用层次分析方法更加合理和符合实际情况①。层次分析法大体分为四个步骤：

一是建立层次结构模型。我们在深入分析区域人才发展水平之后，将区域人才发展水平中所包含的因素划分为：目标层、准则层、指标层、方案层等层次，用框图形式说明层次的递阶结构与因素的从属关系②。如图4-1所示。

二是构造判断矩阵。判断矩阵元素的值反映了评价专家对区域人才发展水平各指标相对重要性（或优劣、偏好、强度等）的认识，一般采用Saaty T L（1980）的1—9及其倒数的标度方法③。当相互比较因素的重要性能够用具有实际意义的比值说明时，判断矩阵相应元素的值就可以取这个比值，判断矩阵见表4-2。

---

① 乔锦忠，汤亭，沈敬轩. 2013—2018年高层次人才吸引力的区域比较研究 [J]. 教育经济评论，2021，6（6）：84-108.

② 李欣，李娜. 我国高端人才发展状况与创新能力评估研究 [J]. 科学管理研究，2015，33（6）：81-84.

③ SAATY T L. The analytic hierarchy process：planning，priority setting，resources allocation [J]. New York：McGraw，1980，281.

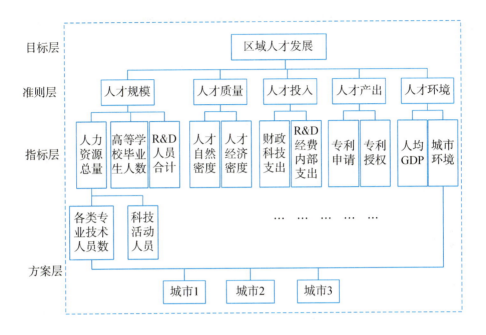

图4-1　区域人才发展水平层次分析模型

表4-2　判断矩阵

A_k	B_1	B_2	...	B_n
B_1	b_{11}	b_{12}	...	b_{1n}
B_2	b_{21}	b_{22}	...	b_{2n}
⋮	⋮	⋮	⋮	⋮
B_n	b_{n1}	b_{n2}	...	b_{nn}

　　三是计算判断矩阵的特征向量和指标权重。对判断矩阵的各列求和，并对各列进行归一化处理；在此基础上，再对每一行进行求和计算，得出特征向量；最后对判断矩阵进行归一化处理，得出指标的权重。但是这个指标权重是否有效和可取，需对其进行一致性检验。

　　四是一致性检验。一致性检验分为层次单排序的一致性检验和层次总

排序的一致性检验，其检验方法基本相同。层次单排序的一致性检验：一

致性指标为 $CI = \dfrac{\lambda_{max} - n}{n - 1}$，平均随机一致性指标 RI 的值由判断矩阵给出。

随机一致性比率 $CR = \dfrac{CI}{RI}$。层次总排序的一致性检验从高到低逐层进行：如

B 层次某些因素对于 A_j，单排序的一致性指标为 CI_j，相应的平均随机一

致性指标为 RI_j，则 B 层次总排序随机一致性比率为 $CR_B = CR_A +$

$\dfrac{\sum\limits_{j=1}^{m} a_j CI_j}{\sum\limits_{j=1}^{m} a_j RI_j}$。

当 CR_A、CR_B <0.1 时，我们认为赋权的结果有满意的一致性，否则需

要调整判断矩阵的元素取值。

2. 客观赋权法——熵权法

运用客观数学理论对区域人才发展水平进行评价，使得评价结果更具

科学性。使用客观评价方法时可运用熵权法进行赋权评价[1]。熵权法作为

一种客观赋权法，其赋权依据来源于客观数据本身的离散性。其计算过程

有以下几个步骤：

一是，由于有正向指标和逆向指标的存在，所以我们先对区域人才发

展水平指标进行同趋势化处理，使得原始决策矩阵处于同趋势化的水平；

在此基础上对指标进行无量纲化处理，得到可比较的标准决策矩阵[2]。

---

① 王馨，陈妮，赵雅雯. 基于熵权 TOPSIS 法的企业创新型技术人才价值评价 [J]. 东北大
学学报（自然科学版），2020，41（12）：1788-1793.

② 郭俊华，程聪慧，何军 等. 基于熵权法的科技人才项目绩效评价研究：以上海市"浦江
人才"计划为例 [J]. 科技进步与对策，2015，32（19）：119-125.

二是，计算无量纲化后的区域人才发展水平评价指标 j 的信息熵值 (e) 和信息效用值 (d)。具体计算公式为

$$e_j = -k\sum_{i=1}^{m} y_{ij}\ln y_{ij}，其中 \; y_{ij} = \frac{z_{ij}}{\sum\limits_{i=1}^{m} z_{ij}}（0 \leqslant y_{ij} \leqslant 1），k = \frac{1}{\ln m}$$

$$d_j = 1 - e_j$$

三是，计算区域人才发展水平评价指标 j 的权重：

$$w_j = \frac{d_j}{\sum\limits_{j=1}^{n} d_j}，其中 \; w_j \in \begin{bmatrix} 0, 1 \end{bmatrix}，\sum_{j=1}^{n} = 1$$

（二）综合评价方法——TOPSIS 法

关于区域人才发展水平综合评价方法，常用的综合评价方法有综合指数法、秩和比（RSR）法、TOPSIS 法、层次分析（AHP 法）、多元统计分析法（如主成分分析、聚类分析、因子分析等）、模糊评价法、灰色系统评价方法等。但由于综合指数法、秩和比（RSR）、层次分析（AHP 法）和综合指数法对信息利用不完全，而常用的灰色系统评价方法所求出的关联度总为正值，不能全面反映事物之间的关系，且对指标的选择有严格的要求，因此，我们在区域人才发展水平评价中选用 TOPSIS 方法。TOPSIS 方法对原始数据的利用比较充分，信息损失少，但其评价结果易受变动因素的影响，为使评价结果具有一致性，在进行评价分析之前应对各评价指标进行赋权，以求评价结果的合理科学性[①]。

TOPSIS 法又称优劣解距离法，自 C. L. Hwang 和 K. Yoon 于 1981 年

---

① 张永安，马昱. 基于熵权 TOPSIS 法的区域技术创新政策评价研究 [J]. 科技管理研究，2017，37（6）：92-97.

首次提出以来，广泛运用于多目标决策评价，其主要原理是基于评价对象与理想化目标的距离进行排序[1]。但评价的环境或自身条件发生变化会造成最优解和最劣解的变化，致使评价结果不具有一致性，故在此基础上我们运用熵值法根据指标值的变异程度确定各评价指标的客观权重，通过对指标进行客观赋权，有效地消除变动因素的影响，使得评价结果更具可比性[2]。

假定决策问题有 n 个评价方案，同时有 m 个评价指标，其原始评价值构成的决策矩阵为 $X = (X_{ij})_{m \times n}$。由于指标体系存在正向指标与逆向指标，所以我们首先对评价指标进行同趋势化处理。本书采用倒数法进行同趋势化处理，得到极值一致化矩阵，计算公式为

$$x_{i1}^* = \frac{1}{x_{i1}} (i = 1, 2, \cdots, m)$$

在得到极值一致化矩阵的基础上，我们对同趋势化后的数据矩阵进行标准化处理，得到矩阵 $Z = (Z_{ij})_{m \times n}$，公式为

$$z_{ij} = \frac{x_{ij}^*}{\sqrt{\sum_{i=1}^{m} x_{ij}^{*2}}} \quad (i = 1, 2, \cdots, m; j = 1, 2, \cdots, n)$$

在标准化处理的基础上，计算评价指标 j 的权重。具体赋权方法结合上文的主观赋权法与客观赋权法。

根据评价指标权重计算加权矩阵：

---

① 熊兴，余兴厚，陈伟. 三峡库区公共服务水平的空间差异 [J]. 技术经济，2016，35 (8)：99-105.

② 张春海，孙健，刘长花. 我国科技人才开发水平的测度研究：基于内地 31 省（市、自治区）的 TOPSIS 模型测算 [J]. 科技进步与对策，2012，29 (12)：137-140.

$R = (r_{ij})_{m \times n}$，其中 $r_{ij} = w_j \times z_{ij}(i = 1, 2, \cdots, m; j = 1, 2, \cdots, n)$

确定正理想解 S_j^+ 和负理想解 S_j^-：

$S_j^+ = \{s_1^+, s_2^+, \cdots, s_j^+, \cdots, s_n^+\}$ 其中，$s_j^+ = \max(r_{1j}, r_{2j}, \cdots, r_{kj}, \cdots, r_{nj})$

$S_j^- = \{s_1^-, s_2^-, \cdots, s_j^-, \cdots, s_n^-\}$ 其中，$s_j^- = \min(r_{1j}, r_{2j}, \cdots, r_{kj}, \cdots, r_{nj})$

计算评价对象到正理想解 S_j^+ 和负理想解 S_j^- 的欧氏距离，计算公式为

$$D_i^+ = \sqrt{\sum_{j=1}^{n}(S_{ij}^+ - r_{ij})^2}$$

$$D_i^- = \sqrt{\sum_{j=1}^{n}(r_{ij} - S_{ij}^-)^2}$$

计算各评价对象与最优解的相对接近度 C_i，计算公式为

$$C_i = \frac{D_i^-}{D_i^+ + D_i^-}, \text{ 其中 } C_i \in [0, 1](i = 1, 2, \cdots, m)$$

C_i 越接近 1，表示该评价对象越接近最优评价水平。

三、区域人才发展水平分析

（一）数据来源

本书采用 2010—2020 年的统计数据，数据来源于 2011—2021 年《中国城市统计年鉴》《中国统计年鉴》，研究样本为京津冀、长三角和成渝地区双城经济圈，对三个区域展开区域间人才发展水平对比分析，其中京津冀地区样本有北京、天津、河北，长三角地区样本有上海、江苏、浙江，成渝地区有四川、重庆，同时根据成渝城市群行政区划范围对成渝地区双城经济圈内部人才发展水平进行比较分析。

（二）具体分析

根据上述熵权 TOPSIS 综合评价方法计算 2010—2020 年京津冀、长三角和成渝地区双城经济圈的人才发展水平综合评价得分。在确定各指标权重的过程中，采用逐级累计求权，先通过对三级指标赋权，求得二级指标得分；在此基础上对二级指标进行熵权赋值，求得二级指标权重矩阵；在此基础上对一级指标进行熵权赋值，求得一级指标权重矩阵，最后运用 TOPSIS 方法求得各省市人才发展水平综合评价得分[①]。

1. 指标权重

根据上述方法求得一级指标、二级指标和三级指标权重用于后续各地人才发展水平综合评价，各级指标权重结果见表4-3。

表4-3　各级指标权重

二级指标	权重（W）	三级指标	权重（W）
人才规模	0.126 2	全部从业人员数量	0.160 2
		从事科技活动人员数	0.275 7
		大专及以上人数	0.122 1
		15 岁—60 岁人口数（人）	0.167 3
		高等学校毕业生人数	0.125 6
		卫生技术人员数	0.149 0
人才质量	0.258 7	人才自然密度	0.858 0
		人才经济密度	0.142 0

① 韩慧，张旭红，周成. 我国科技人力资源水平多维评价与时空差异研究［J］. 经济纵横，2022（9）：56-63.

表4-3(续)

二级指标	权重（W）	三级指标	权重（W）
人才投入	0.196 9	地方财政科学技术支出	0.358 5
		地方财政教育支出	0.140 0
		R&D 经费支出	0.501 5
人才产出	0.395 1	专利申请	0.523 5
		专利授权数	0.476 5
人才环境	0.023 1	人均 GDP 总量	0.330 8
		城市居民人均可支配收入	0.164 2
		城市绿化覆盖率	0.013 2
		人均公共绿地面积	0.095 7
		城镇人均拥有道路面积	0.396 1

　　从一级指标来看，人才产出与人才质量权重占比相对较大，分别为 0.395 1 和 0.258 7，这表明在人才发展过程中主要基于结果导向。高质量的人才产出是人才发展的最终目标，成渝地区双城经济圈在人才发展过程中在注重人才数量规模、人才投入的同时，更应关注人才质量和人才产出。因此，人才质量与人才产出也应该是成渝地区双城经济圈人才协同发展应关注的重点。人才投入（0.196 9）、人才规模（0.126 2）、人才环境（0.023 1）在区域人才发展水平中权重占比相对较少。

　　从二级指标来看，在人才规模方面，从事科技活动人员（0.275 7）权重占比相对较大，这也印证了一级指标的权重思路，相比整体数量规模，人才质量更为重要。直接影响人才产出的从事科技活动的人员等高层次人才应是人才协同发展重点关注的方面，其次为 15~60 岁人员数量（0.167 3）、全部从业人员数量（0.160 2）、卫生技术人员数量（0.149 0）、高等学校毕业生人数（0.125 6）、大专及以上人数（0.122 1）。在人才质量方面，人才自然密度（0.858 0）所占权重大于人才经济密度（0.142 0），其内在原因在于人才具有集聚效应和规模效应。空间上的人才集聚是人才经济密度的基础，人才只有在空间上集聚后才能推动的其经济产出的提升。在人才投入方面，R&D 经费支出（0.501 5）占比最高，其次为地方财政科学技术支出（0.358 5）、地方财政教育支出（0.140 0），其原因在于相较于政府财政和教育投入，R&D 经费支出往往能直接作用于企业一线研发投入。在人才产出方面，专利申请（0.523 5）和专利授权数（0.476 5）占比相差较小，专利申请数主要是对企业科研活动状况的衡量，专利授权侧重科研成果的使用和转化。在人才环境方面，城镇人均拥有道路面积（0.396 1）和人均 GDP 总量（0.330 8）所占比重较大，其原因在于地方经济发展水平与人才发展是相互促进的关系，一方面较高水平的经济发展能够带来人才的集聚，另一方面人才的集聚也有助于推动经济高质量发展。其次为城市居民人均可支配收入（0.164 2）、人均公共绿地面积（0.095 7）、城市绿化覆盖率（0.013 2）。

2. 各级指标综合得分

我们通过表 4-1 区域人才发展水平评价指标体系建立各省市区域人才发展水平的判断矩阵，再根据表 4-3 各级指标的权重，运用 TOPSIS 方法分级累计取得 2010—2020 年各省市各级指标综合评价得分。具体计算步骤为：首先对每个二级指标下的三级指标分别进行赋权，并运用 TOPSIS 法分别求出二级指标综合得分；再运用同样的方法对所求得的二级指标综合得分进行赋权和综合得分计算，得到一级指标综合评价得分；再同样对一级指标赋权和综合评价，得到各省市区域人才发展水平综合评价得分。

（1）区域人才发展水平综合评价得分

我们通过上文所述"逐级累进"计算方法求得京津冀、长三角、成渝地区各省市区域人才发展水平综合评价得分，如表4-4所示。总的来看，长三角地区人才发展水平明显高于京津冀地区和成渝地区，这也与我国当前人才区域分布实际情况较为吻合。

表4-4　2010—2020年各地区人才发展综合评价得分

地区	2010年	2011年	2012年	2013年	2014年	2015年	2016年	2017年	2018年	2019年	2020年
北京	0.479	0.448	0.427	0.465	0.487	0.500	0.498	0.502	0.486	0.517	0.496
天津	0.185	0.196	0.188	0.193	0.199	0.207	0.199	0.184	0.160	0.170	0.168
河北	0.285	0.282	0.275	0.280	0.289	0.290	0.293	0.286	0.290	0.296	0.283
上海	0.534	0.494	0.453	0.473	0.484	0.480	0.466	0.466	0.453	0.459	0.472
江苏	0.669	0.687	0.705	0.693	0.689	0.688	0.690	0.693	0.708	0.694	0.675
浙江	0.497	0.500	0.521	0.548	0.554	0.560	0.568	0.573	0.598	0.592	0.576
重庆	0.125	0.121	0.126	0.118	0.124	0.125	0.120	0.113	0.120	0.129	0.140
四川	0.330	0.330	0.337	0.340	0.343	0.351	0.352	0.352	0.352	0.356	0.337
京津冀	0.316	0.309	0.296	0.313	0.325	0.333	0.330	0.324	0.312	0.327	0.315
长三角	0.567	0.560	0.560	0.571	0.576	0.576	0.574	0.577	0.586	0.582	0.575
成渝	0.227	0.226	0.231	0.229	0.233	0.238	0.236	0.233	0.236	0.242	0.239

从时间维度来看，各地区人才发展水平呈现出稳中有升的趋势。其中，成渝地区双城经济圈人才发展水平由2010年的0.227上升至2020年的0.239；京津冀地区由2010年的0.316上升至2019年的0.327，但2020年回落至0.315；长三角地区由2010年的0.567上升至2020年的0.575。如图4-2所示。

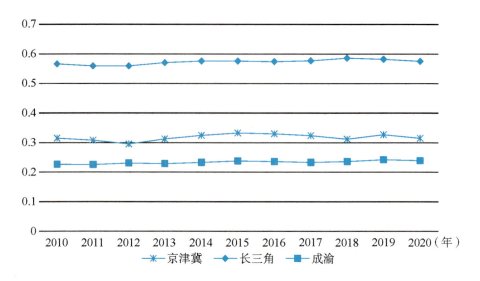

图 4-2 2010—2020 年三大城市群人才发展综合评价得分

分区域来看，长三角地区人才发展水平明显高于京津冀地区和成渝地区，其中成渝地区人才发展水平最低，这也在一定程度上制约了成渝地区的高质量发展。以 2020 年为例，江苏人才发展水平最高达 0.675，其次为浙江（0.576）、北京（0.496）、上海（0.472）、四川（0.337）、河北（0.283）、天津（0.168）、重庆（0.140）。整体来看，东部地区人才发展水平明显高于中西部地区，特别是北上广及长三角地区等一线城市展现强大的人才吸引力，而中西部地区人才吸引力相对不足，这也与我国当前人才流动实际情况较为吻合①。

到底哪些方面对区域人才发展水平具有影响和贡献，成渝地区等中西部城市在面对东部地区一线城市人才吸引力的绝对优势下如何发挥比较优

---

① 吴茜.成渝地区双城经济圈高层次科技人才分布及流动模式探析 [J]. 中国科技论坛，2022（5）：119-125，135.

势，实施人才战略？下文将通过剖析各级指标综合得分，分析成渝地区各城市的内在比较优势与短板，为各区域提升人才发展水平找到突破口，同时也将分析成渝地区人才协同发展的重点发展方向。

（2）人才规模

人才规模主要反映一地区人才的数量和主要构成结构。在人才规模方面，从时间维度来看，2010—2020年京津冀地区和成渝地区人才规模呈下降趋势，长三角地区呈上升趋势。其中京津冀地区由2010年的0.327下降至2020年0.271；成渝地区由2010年的0.389下降至2020年的0.375；而长三角地区由2010年的0.623上升至2020年的0.634。具体如图4-3所示。

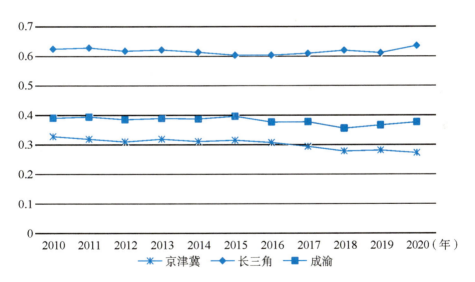

图4-3　2010—2020年三大城市群人才规模综合评价得分

分区域来看，2010—2020年长三角地区人才规模得分最高，其次为成渝地区，京津冀地区人才规模得分最低。以2020年为例，江苏人才规模得分最高（1.000），其次为浙江（0.688）、四川（0.589）、河北（0.492）、北京（0.322），受制于行政地理区划，重庆（0.162）、上海（0.214）和天津（0.006）三个直辖市人才规模相对较小。具体如表4-5所示。其原因在于，人才规模的一个很重要方面为高校毕业生人数，从省级行政区划来看，江苏作为教育大省，拥有的高校数量最多，截至2020年6月共拥有167所普通高校，而且江苏所拥有的本科高校数量也是最多的，达到了77所，省内211高校也达到了11所，还拥有南京大学和东南大学两所985大学。其次四川拥有高校132所，河北拥有高校125所，而人才规模靠后的重庆、上海、天津拥有高校数量仅68所、63所和56所。综合来看，人才规模大省往往具有较多的高校，高校毕业生作为其人才后备资源，为地区人才发展提供了源源不断的人才储备和人才支撑。因此，在成渝地区双城经济圈人才协同发展过程中各地应加强高校人才培养方面的合作，通过构建成渝地区双城经济圈高校联盟，实现人才培养的共建共享，提升人力资源配置效率。

表4-5　2010—2020年各地区人才规模评价得分

地区	2010年	2011年	2012年	2013年	2014年	2015年	2016年	2017年	2018年	2019年	2020年
北京	0.410	0.379	0.367	0.359	0.336	0.328	0.334	0.335	0.345	0.347	0.322
天津	0.038	0.051	0.052	0.058	0.056	0.060	0.049	0.031	0.009	0.008	0.006
河北	0.532	0.522	0.508	0.538	0.539	0.552	0.535	0.513	0.476	0.492	0.492
上海	0.265	0.237	0.220	0.223	0.218	0.201	0.202	0.205	0.197	0.183	0.214
江苏	0.976	0.996	0.995	0.993	0.992	0.990	0.988	0.987	0.987	0.985	1.000
浙江	0.628	0.647	0.634	0.643	0.625	0.616	0.616	0.632	0.670	0.662	0.688
重庆	0.160	0.144	0.136	0.140	0.144	0.147	0.145	0.144	0.134	0.139	0.162
四川	0.617	0.641	0.632	0.635	0.629	0.643	0.605	0.609	0.573	0.591	0.589
京津冀	0.327	0.318	0.309	0.318	0.310	0.314	0.306	0.293	0.277	0.280	0.271
长三角	0.623	0.627	0.616	0.620	0.612	0.602	0.602	0.608	0.618	0.610	0.634
成渝	0.389	0.393	0.384	0.388	0.386	0.395	0.375	0.376	0.354	0.365	0.375

（3）人才质量

人才质量主要反映一个地区人才的素质状况，最能体现地区的人才发展水平。在人才质量方面，从时间维度来看，2010—2020 年长三角地区和京津冀地区人才质量呈不断上升趋势，而成渝地区人才质量呈下降趋势。其中京津冀地区由 2010 年的 0.298 上升至 2020 年 0.316；长三角地区由 2010 年的 0.382 上升至 2020 年的 0.450；而成渝地区由 2010 年的 0.071 下降至 2020 年的 0.055。具体如图 4-4 所示。

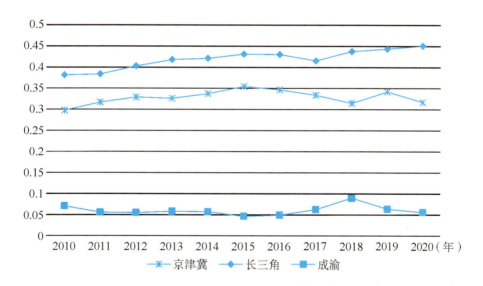

图 4-4 2010—2020 年三大城市群人才质量综合评价得分

分区域来看，2010—2020 年长三角地区人才规模得分最高，其次为京津冀地区、成渝冀地区人才规模得分最低。成渝地区与长三角和京津冀地区差距明显，以 2020 年为例，上海人才质量最高（0.760），其次为北京（0.637）、浙江（0.348）、天津（0.304）、江苏（0.241），重庆（0.075）、四川（0.035）、河北（0.008）人才质量得分相对较低。具体如

表4-6所示。得益于完备的人才培养体制和机制以及浓厚的科技创新氛围，上海在人才质量方面优势明显，如上海实施的"雏鹰归巢"计划通过聚焦哈佛、斯坦福、剑桥、牛津等世界排前100的名校，选择海外高层次人才进行跟踪联系，纳入高端海外人才储备库；同时通过承办各大名校留学人才与用人单位接触的职业见面会等模式，提供人才交流与用人单位的对接平台，定向引进海外人才，以更好地发挥人才优势。因此，成渝地区双城经济圈在人才协同发展过程中不仅要注重人才规模和人才数量的增长，更需要关注人才质量提升的内涵式增长，通过为人才成长和发展搭建良好的平台，发挥人才的最大效用，从而推动地区科技创新水平的提升，同时也有助于留住人才和人才的再吸引。

表4-6　2010—2020年各地区人才质量评价得分

地区	2010年	2011年	2012年	2013年	2014年	2015年	2016年	2017年	2018年	2019年	2020年
北京	0.626	0.632	0.649	0.622	0.618	0.633	0.637	0.646	0.607	0.669	0.637
天津	0.262	0.309	0.327	0.345	0.382	0.418	0.390	0.341	0.327	0.347	0.304
河北	0.007	0.009	0.009	0.009	0.010	0.011	0.011	0.011	0.008	0.008	0.008
上海	0.816	0.796	0.791	0.812	0.799	0.770	0.762	0.759	0.822	0.741	0.760
江苏	0.171	0.179	0.212	0.228	0.236	0.249	0.257	0.217	0.218	0.256	0.241
浙江	0.159	0.177	0.205	0.213	0.227	0.275	0.271	0.268	0.271	0.331	0.348
重庆	0.070	0.059	0.054	0.059	0.051	0.039	0.047	0.071	0.114	0.093	0.075
四川	0.071	0.053	0.055	0.057	0.062	0.052	0.052	0.053	0.064	0.033	0.035
京津冀	0.298	0.317	0.329	0.326	0.337	0.354	0.346	0.333	0.314	0.341	0.316
长三角	0.382	0.384	0.403	0.418	0.421	0.431	0.430	0.415	0.437	0.443	0.450
成渝	0.071	0.056	0.055	0.058	0.057	0.046	0.049	0.062	0.089	0.063	0.055

（4）人才投入

在人才投入方面，2010—2020年长三角地区和成渝地区人才投入综合得分呈稳中有升态势，而京津冀地区人才投入得分呈下降趋势。其中长三

角地区人才投入综合得分由 2010 年的 0.691 上升至 2020 年的 0.699；成渝
地区人才投入综合得分增长最多，由 2010 年的 0.142 上升至 2020 年的
0.178；京津冀地区由 2010 年的 0.347 下降至 2020 年的 0.292。具体如
图 4-5 所示。

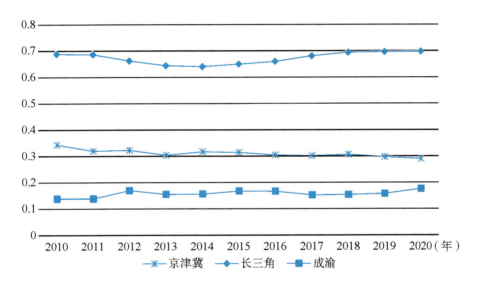

图 4-5　2010—2020 年三大城市群人才投入综合评价得分

分区域来看，长三角地区人才投入得分最高，其次为京津冀地区，成
渝地区人才投入得分最低。以 2020 年，江苏人才投入综合得分最高
（0.942），其次为浙江（0.663）、北京（0.632）、上海（0.493）、四川
（0.296）、河北（0.200），重庆（0.060）和天津（0.044）人才投入最
低，如表 4-7 所示。其原因在于人才资金保障力度和投入方式等方面的差
距，如北京对满足条件的创新创业团队给予最高 1 000 万元的一次性奖励；
业绩贡献突出的个人给予最高 200 万元奖励；设立建言献策奖励资金，对
高精尖产业发展提意见被采纳应用或形成制度性成果的可根据贡献大小给

予 10 万~100 万元的一次性奖励；而重庆对高层次人才给予 8 000 元/月岗位津贴和 2 万元/年~6 万元/年不等的科研启动经费，"鸿雁计划"入选人才按年缴纳个人所得税 2 倍、1.5 倍、1.2 倍给予奖励，"英才计划"入选人才给予 10 万~50 万元不等的人才奖励金和 20 万~200 万元不等的科研经费。相比东部地区，重庆对人才的资金投入保障力度明显不足。人才投入是区域人才发展的基础和前提，因此，成渝地区双城经济圈在人才协同发展过程中，应积极发挥财政职能作用，不断加大人才方面投入，积极推动成渝地区双城经济圈人才工作提质增效。

表 4-7　2010—2020 年各地区人才投入评价得分

地区	2010 年	2011 年	2012 年	2013 年	2014 年	2015 年	2016 年	2017 年	2018 年	2019 年	2020 年
北京	0.695	0.623	0.595	0.560	0.577	0.573	0.556	0.627	0.673	0.672	0.632
天津	0.141	0.146	0.155	0.157	0.174	0.172	0.145	0.094	0.066	0.038	0.044
河北	0.205	0.201	0.227	0.203	0.210	0.206	0.219	0.190	0.186	0.187	0.200
上海	0.604	0.593	0.545	0.500	0.464	0.463	0.504	0.555	0.555	0.497	0.493
江苏	0.878	0.885	0.891	0.898	0.904	0.910	0.917	0.923	0.930	0.936	0.942
浙江	0.590	0.591	0.558	0.544	0.562	0.584	0.567	0.571	0.602	0.660	0.663
重庆	0.015	0.012	0.036	0.000	0.000	0.015	0.024	0.047	0.050	0.050	0.060
四川	0.270	0.271	0.310	0.315	0.318	0.325	0.313	0.263	0.263	0.269	0.296
京津冀	0.347	0.323	0.326	0.307	0.320	0.317	0.307	0.304	0.309	0.299	0.292
长三角	0.691	0.689	0.665	0.647	0.643	0.652	0.662	0.683	0.696	0.698	0.699
成渝	0.142	0.142	0.173	0.158	0.159	0.170	0.169	0.155	0.156	0.160	0.178

（5）人才产出

人才资源的效用发挥以用为本，因此人才产出是衡量区域人才发展的重要内容。人才产出指标为创新型科技人才通过创新活动产出的具有社会效应的科技成果等，主要反映科技人才对经济社会发展的贡献大小，是区域科技人才科技创新活动结果的直接体现。从人才产出来看，长三角地区人才产出综合得分最高，其次为京津冀地区，成渝地区人才产出综合得分相对较低。具体如图4-6所示。

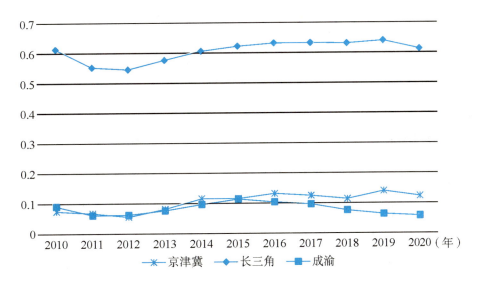

图4-6　2010—2020年三大城市群人才产出综合评价得分

具体来看，以2020年为例，江苏（0.939）和浙江（0.710）人才产出得分最高，其次为北京（0.255）、上海（0.195）、四川（0.120），河北（0.075）、天津（0.044）和重庆（0.012）人才产出综合得分相对较低，如表4-8所示。

表4-8　2010—2020年各地区人才产出评价得分

地区	2010年	2011年	2012年	2013年	2014年	2015年	2016年	2017年	2018年	2019年	2020年
北京	0.191	0.169	0.146	0.201	0.292	0.291	0.321	0.331	0.281	0.314	0.255
天津	0.040	0.042	0.030	0.052	0.060	0.062	0.082	0.047	0.043	0.053	0.044
河北	0.000	0.000	0.000	0.000	0.000	0.000	0.000	0.002	0.023	0.058	0.075
上海	0.283	0.193	0.138	0.131	0.154	0.141	0.153	0.179	0.164	0.206	0.195
江苏	0.902	0.906	0.910	0.914	0.917	0.921	0.925	0.928	0.932	0.936	0.939
浙江	0.658	0.567	0.596	0.693	0.753	0.809	0.825	0.797	0.804	0.784	0.710

111

表4-8(续)

地区	2010 年	2011 年	2012 年	2013 年	2014 年	2015 年	2016 年	2017 年	2018 年	2019 年	2020 年
重庆	0.033	0.033	0.028	0.037	0.045	0.069	0.040	0.025	0.017	0.013	0.012
四川	0.154	0.094	0.101	0.121	0.153	0.164	0.172	0.193	0.156	0.132	0.120
京津冀	0.077	0.070	0.058	0.084	0.118	0.118	0.134	0.127	0.116	0.142	0.125
长三角	0.615	0.555	0.548	0.579	0.608	0.624	0.634	0.635	0.633	0.642	0.615
成渝	0.093	0.064	0.065	0.079	0.099	0.116	0.106	0.099	0.078	0.066	0.060

(6) 人才环境

人才环境指标主要反映区域经济发展水平、公共服务水平、人才政策、生活水平和工作条件等外部环境对人才聚集、流动和发展的影响力。人才环境通过自发调节区域间人才的流动与创新产出来影响人才效能的发挥，进而影响区域人才发展水平。从人才环境来看，长三角地区最优，其次是京津冀地区，成渝地区最差，但随着近年来各地区对人才资源的重视程度不断提升，京津冀、成渝地区与长三角地区的人才环境差距相对较小。具体如图 4-7 所示。

具体来看，以 2020 年为例，北京（0.691）和上海（0.600）人才环境综合得分最高，其次为江苏（0.520）和浙江（0.528）、河北（0.280）、天津（0.269），重庆（0.267）和四川（0.262）最低，如表 4-9 所示。人才发展环境为人才的发展提供平台与保障，创新创业载体是人才发展的重要支撑条件，从总体上看，成渝地区双城经济圈的创新创业生态仍不理想。

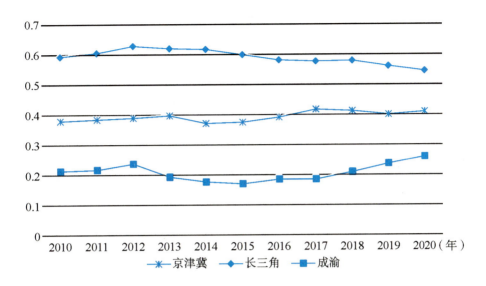

图 4-7　2010—2020 年三大城市群人才环境综合评价得分

表 4-9　2010—2020 年各地区人才环境综合评价得分

地区	2010 年	2011 年	2012 年	2013 年	2014 年	2015 年	2016 年	2017 年	2018 年	2019 年	2020 年
北京	0.526	0.530	0.581	0.677	0.647	0.692	0.707	0.700	0.699	0.695	0.691
天津	0.312	0.330	0.329	0.286	0.245	0.230	0.254	0.315	0.285	0.251	0.269
河北	0.309	0.304	0.269	0.239	0.234	0.215	0.224	0.248	0.265	0.266	0.280
上海	0.685	0.663	0.680	0.703	0.697	0.681	0.635	0.642	0.615	0.610	0.600
江苏	0.681	0.671	0.656	0.593	0.610	0.601	0.570	0.553	0.557	0.536	0.520
浙江	0.425	0.492	0.562	0.576	0.555	0.527	0.551	0.547	0.575	0.549	0.528
重庆	0.230	0.247	0.288	0.221	0.219	0.209	0.212	0.201	0.219	0.243	0.267
四川	0.204	0.196	0.194	0.174	0.142	0.139	0.167	0.177	0.207	0.239	0.262
京津冀	0.383	0.388	0.393	0.401	0.375	0.379	0.395	0.421	0.416	0.404	0.413
长三角	0.597	0.609	0.632	0.624	0.621	0.603	0.585	0.581	0.583	0.565	0.549
成渝	0.217	0.221	0.241	0.197	0.181	0.174	0.189	0.189	0.213	0.241	0.264

第二节　区域人才发展协同度分析

区域人才发展呈现出参与主体多元性、协作内容多面性、目标定位拓展性、人才集聚空间性等特点。加强区域人才协同发展是深入实施国家区域协调发展的战略选择，是人才资源整体性开发的必然要求和避免单打独斗的弊端与风险的现实需要。区域人才协同发展是区域人才协作开发的良好开端，各地区未来要突破产业趋同、市场趋利和现有体制机制带来的挑战，着力于树立资源共享与合作共赢的理念、完善多元主体的协同机制、建立全方位的协作机制、明晰责任分担和利益补偿机制，以达到区域人才协作开发的最佳效果①。基于此，本书在区域人才发展水平评价的基础上，通过耦合协调度模型进一步探讨区域间人才协同度。

一、模型构建

（一）耦合模型的构建

本部分用耦合度来深入研究区域间人才发展的相互关联程度。用区域间人才发展的偏差系数来说明两个系统的耦合发展程度②。区域间人才发展的偏差系数越小，说明两个系统关联程度越高③。使偏离系数越小的充要条件是 C 越大。京津冀、长三角和成渝地区耦合度模型如下：

---

① 朱蓓倩，高向东. 上海科技人力资源配置与耦合协调度研究 [J]. 科技进步与对策，2016，33（5）：139-143.

② 姚建建，门金来. 中国区域经济-科技创新-科技人才耦合协调发展及时空演化研究 [J]. 干旱区资源与环境，2020，34（5）：28-36.

③ 单良，宋关东. 区域人力资源开发与经济发展的时空耦合分析：以环渤海地区为例 [J]. 人口学刊，2016，38（4）：103-112.

$$\text{成渝地区：} C_{CY} = \left[\frac{Y_{CD} \cdot Y_{CQ}}{\left(\dfrac{(Y_{CD} + Y_{CQ})}{2} \right)^2} \right]^{-1/2}$$

$$\text{京津冀地区：} C_{JJJ} = \left[\frac{Y_{BJ} \cdot Y_{TJ} \cdot Y_{HB}}{\left(\dfrac{(Y_{BJ} + Y_{TJ} + Y_{HB})}{3} \right)^3} \right]^{-1/3}$$

$$\text{长三角地区：} C_{CSJ} = \left[\frac{Y_{SH} \cdot Y_{JS} \cdot Y_{ZJ}}{\left(\dfrac{(Y_{SH} + Y_{JS} + Y_{ZJ})}{3} \right)^3} \right]^{-1/3}$$

其中，Y 为各区域，C 为各系统的耦合度，C∈（0，1），C＝0 时，表明两系统发展不协调，C 值越接近 1 表明耦合状态越好，C＝1 时，耦合状态最好[1]。

参考沈中健等（2022）[2]、唐健飞和刘剑玲（2022）[3] 等对耦合度等级的取值范围，对生态城镇化与绿色金融耦合度等级进行划分，见表4-10。

表 4-10　耦合度等级划分标准

耦合度	耦合阶段
0< C ≤0.3	低水平耦合阶段
0.3< C ≤0.5	拮抗阶段
0.5< C ≤0.8	磨合阶段
0.8< C ≤1	高水平耦合阶段

① 尹鹏，王富喜，段佩利. 中国基本公共服务效率与城镇化质量的时空耦合关系研究［J］. 地理科学，2021，41（4）：571-579.

② 沈中健，王金岩，杨可扬，刘骏阳. 山东省新型城镇化与低碳发展的耦合协调研究［J］. 城市问题，2022（11）：94-103.

③ 唐健飞，刘剑玲. 省域农业可持续发展水平评价及其耦合协调分析：以长江经济带11省市为例［J］. 经济地理，2022，42（12）：179-185.

（二）协调度模型的构建

耦合度只能反映两个系统间的发展状态，但是难以确定两个系统内部各要素间是否和谐一致[①]。协调度模型可用来考察交互耦合协调程度，同时还能体现协调度的阶段性，京津冀、长三角和成渝地区协调度计算公式如下：

成渝地区：
$$T_{CY} = \alpha Y_{CD} + \beta Y_{CQ}$$
$$D_{CY} = (C_{CY} \cdot T_{CY})^{1/2}$$

京津冀地区：
$$T_{JJJ} = \alpha Y_{BJ} + \beta Y_{TJ} + \lambda Y_{HB}$$
$$D_{JJJ} = (C_{JJJ} \cdot T_{JJJ})^{1/3}$$

长三角地区：
$$T_{CSJ} = \alpha Y_{SH} + \beta Y_{JS} + \lambda Y_{ZJ}$$
$$D_{CSJ} = (C_{CSJ} \cdot T_{CSJ})^{1/3}$$

其中，D 为耦合协调度，T 为各子系统综合评价指数，α、β、λ 为待定系数，考虑到在各子系统协同过程中具有同等重要性，这里假设在成渝地区 α＝β＝1/2，在京津冀和长三角地区 α＝β＝λ＝1/3[②]。其中 D∈（0，1），D 越接近 0，说明两系统越不协调，D 越接近 1，说明两个系统越协调。参考汪永生等（2020）的研究[③]，将耦合协调度均分成 10 个等级，如表 4-11 所示。

---

① 张卓群，王菡，单菁菁. 黄河流域城市人与自然耦合协调状况及影响因素 [J]. 城市问题，2022（12）：19-29.

② 刘晏冰，韩宝龙，刘晶茹等. 我国城市人与自然耦合系统的协调度 [J]. 生态学报，2021，41（14）：5578-5585.

③ 汪永生，李宇航，揭晓蒙等. 中国海洋科技-经济-环境系统耦合协调的时空演化 [J]. 中国人口·资源与环境，2020，30（8）：168-176.

表 4-11　耦合协调度等级划分标准

协调度区间	协调水平	协调度区间	协调水平
0.00< D ≤0.10	极度失调	0.50< D ≤0.60	勉强协调
0.10< D ≤0.20	严重失调	0.60< D ≤0.70	初级协调
0.20< D ≤0.30	中度失调	0.70< D ≤0.80	中度协调
0.30< D ≤0.40	轻度失调	0.80< D ≤0.90	良好协调
0.40< D ≤0.50	濒临失调	0.90< D ≤1.00	优质协调

二、区域人才耦合协调度分析

(一)区域人才耦合协调度总体水平

根据上述公式计算得到成渝地区、京津冀和长三角地区的区域人才发展耦合度（C）和协调度（D），结果见表 4-12。

表 4-12　2010—2020 年各地区人才发展耦合协调度水平

年份	耦合度			协调度		
	成渝	京津冀	长三角	成渝	京津冀	长三角
2010	0.893	0.927	0.909	0.451	0.391	0.637
2011	0.886	0.945	0.930	0.447	0.395	0.642
2012	0.890	0.946	0.937	0.454	0.399	0.646
2013	0.875	0.937	0.934	0.448	0.399	0.639
2014	0.884	0.935	0.935	0.454	0.400	0.643
2015	0.880	0.935	0.941	0.458	0.405	0.644
2016	0.872	0.932	0.942	0.454	0.405	0.641
2017	0.857	0.919	0.931	0.447	0.402	0.632
2018	0.871	0.906	0.917	0.454	0.399	0.632
2019	0.884	0.904	0.923	0.463	0.401	0.639
2020	0.911	0.908	0.917	0.466	0.391	0.646

在耦合度方面，根据表 4-10 的耦合度等级划分标准，2010—2020 年京津冀、长三角和成渝地区的人才发展耦合度水平均处于高水平耦合阶段。耦合度是指 2 个或 2 个以上的系统或运动形式通过相互作用而产生相互影响的现象，人才发展耦合程度越高，则越协调，二者越能够享受彼此带来的作用。成渝地区、京津冀和长三角地区人才发展耦合度相对较高，表明其相互依赖、相互作用的程度较高，区域间在人才合作方面效果较佳。但耦合度只能说明子系统相互作用的强弱，并不能反映协调程度的高低，因此引入耦合协调度模型。

在协调度方面，根据表 4-11 的耦合协调度等级划分标准，2010—2020 年成渝地区耦合协调度水平处于濒临失调阶段；长三角地区耦合协调度水平处于初级协调阶段；而京津冀地区处于濒临失调与轻度失调相交织阶段。整体来看，长三角地区人才发展耦合协调度水平较高，其次为成渝地区，京津冀地区间人才发展耦合协调度相对较低。因此要实现成渝地区双城经济圈人才一体化发展，提升人才发展协调水平和协同度是需要关注的重点和难点。

整体上看，成渝地区双城经济圈人才发展耦合协同程度仍然有较大提升空间，我们需要通过进一步剖析各二级指标的协同程度，发现提升成渝地区双城经济圈人才协同发展的短板和症结所在，找到提升区域人才协同一体化发展的突破口。

（二）区域人才规模耦合协调度分析

在人才规模方面，成渝地区人才规模耦合协调度最高。具体如表 4-13 所示。从耦合度评价结果来看，2010 年和 2020 年成渝地区人才规模处于高水平耦合阶段，2011—2019 年间处于磨合阶段。京津冀和长三角地区人才规模的耦合度相对较低。其原因在于，成渝地区在人才规模方面体量相当。

从协调度来看，根据表 4-11 的耦合协调度等级划分标准，2010—2020 年成渝地区耦合协调度水平处于勉强协调阶段；2010—2016 年长三角地区耦合协调度水平处于勉强协调阶段，2017—2018 年耦合协调度水平处于濒临失调阶段，2019—2020 年耦合协调度水平处于轻度失调阶段；2010—2017 年间京津冀地区处于濒临失调与轻度失调相交织阶段，2018 年处于轻度失调阶段，2019—2020 年处于中度失调阶段。其原因在于，京津冀地区和长三角地区近年来地区间人才规模差距不断加大，使得地区间人才规模体量出现较大不均等情况，如 2020 年年底北京的就业人员为 1 164 万人，天津的就业人员为 647 万人，河北的就业人员为 3 671 万人，京津冀内部各地区人才规模的不均等在一定程度上影响了地区间的人才协同发展，特别是在高层次人才方面。

表 4-13　2010—2020 年各地区人才规模耦合协调度水平

年份	耦合度			协调度		
	成渝	京津冀	长三角	成渝	京津冀	长三角
2010	0.809	0.622	0.631	0.561	0.438	0.505
2011	0.775	0.683	0.686	0.552	0.468	0.515
2012	0.763	0.691	0.693	0.541	0.467	0.514
2013	0.770	0.704	0.701	0.546	0.473	0.519
2014	0.778	0.696	0.690	0.548	0.468	0.518
2015	0.778	0.706	0.694	0.554	0.476	0.519

表4-13（续）

年份	耦合度			协调度		
	成渝	京津冀	长三角	成渝	京津冀	长三角
2016	0.790	0.674	0.665	0.545	0.452	0.513
2017	0.786	0.595	0.593	0.544	0.426	0.483
2018	0.785	0.415	0.419	0.527	0.345	0.405
2019	0.786	0.292	0.392	0.536	0.265	0.391
2020	0.823	0.293	0.393	0.556	0.265	0.396

（三）区域人才质量耦合协调度分析

从耦合度评价结果来看，2010—2020年成渝地区人才质量均处于高水平耦合阶段。京津冀和长三角地区人才质量的耦合度相对较低，处于磨合阶段，如表4-14所示。其原因在于，成渝地区在人才质量和人才结构方面实力相当，区域内部差距相对较小，因此，耦合度相对较高；而京津冀和长三角区域内部各地区人才质量差距较大，因此耦合度相对较低。

从协调度来看，根据表4-11的耦合协调度等级划分标准，2010—2020年成渝地区耦合协调度水平处于中度失调阶段；2010—2018年长三角地区耦合协调度水平处于濒临失调阶段，2019—2020年耦合协调度水平处于轻度失调阶段；2010—2018年京津冀地区处于严重失调阶段，2019—2020年处于极度失调阶段。

表4-14 2010—2020年各地区人才质量耦合协调度水平

年份	耦合度			协调度		
	成渝	京津冀	长三角	成渝	京津冀	长三角
2010	1.000	0.357	0.321	0.266	0.113	0.401

表4-14(续)

年份	耦合度			协调度		
	成渝	京津冀	长三角	成渝	京津冀	长三角
2011	0.998	0.385	0.354	0.237	0.101	0.421
2012	1.000	0.384	0.359	0.234	0.103	0.424
2013	1.000	0.389	0.356	0.241	0.106	0.422
2014	0.995	0.398	0.367	0.237	0.111	0.428
2015	0.989	0.400	0.378	0.212	0.102	0.432
2016	0.999	0.402	0.381	0.222	0.102	0.436
2017	0.990	0.399	0.378	0.248	0.103	0.433
2018	0.960	0.375	0.337	0.292	0.109	0.402
2019	0.878	0.361	0.349	0.235	0.077	0.391
2020	0.932	0.362	0.340	0.227	0.080	0.398

(四) 区域人才投入耦合协调度分析

从耦合度评价结果来看，2010—2020 年成渝地区人才投入的耦合度不断提升，其中 2017—2020 年处于磨合阶段。这表明成渝两地在人才投入方面共同发力，推动地区人才协同发展。京津冀和长三角地区人才质量的耦合度呈波动下降趋势，在 2010—2016 年处于高水平耦合阶段，但 2017—2020 年下降为磨合阶段。具体如表 4-15 所示。

从协调度来看，根据表 4-11 的耦合协调度等级划分标准，2010—2020 年成渝地区和长三角地区耦合协调度水平呈波动上升趋势，而京津冀地区呈波动下降趋势。到 2020 年，成渝地区和京津冀地区人才投入耦合协调度水平处于轻度失调阶段，长三角地区人才投入耦合协调度水平处于濒临失调阶段。

表4-15　2010—2020年各地区人才投入耦合协调度水平

年份	耦合度			协调度		
	成渝	京津冀	长三角	成渝	京津冀	长三角
2010	0.444	0.784	0.819	0.252	0.325	0.427
2011	0.405	0.815	0.827	0.240	0.332	0.409
2012	0.608	0.847	0.867	0.324	0.362	0.513
2013	0.036	0.852	0.878	0.075	0.366	0.125
2014	0.035	0.863	0.909	0.075	0.370	0.127
2015	0.405	0.861	0.907	0.262	0.374	0.428
2016	0.516	0.849	0.871	0.295	0.364	0.474
2017	0.720	0.737	0.768	0.334	0.311	0.526
2018	0.734	0.656	0.705	0.339	0.294	0.509
2019	0.725	0.562	0.631	0.340	0.275	0.479
2020	0.748	0.608	0.666	0.365	0.300	0.499

（五）区域人才产出耦合协调度分析

从耦合度评价结果来看，2010—2015年成渝地区人才产出的耦合度相对较高，处于高水平耦合阶段，但2016年之后地区间人才产出耦合度不断下降，2018—2020年成渝地区人才产出的耦合度处于低水平耦合阶段。而京津冀和长三角地区人才产出的耦合度呈不断上升趋势，分别由2010—2017年的低水平耦合阶段上升至2018—2020年的磨合阶段和高水平耦合阶段。具体如表4-16所示。

从协调度来看，根据表4-11的耦合协调度等级划分标准，2010—2020年成渝地区人才产出耦合协调度水平呈下降趋势，特别是2018—2020年间成渝地区人才产出耦合协调度水平处于极度失调阶段。京津冀地区人才产出耦合协调度水平呈上升趋势，由 2010—2016 年的极度失调阶段转变为 2018—2020 年的中度失调阶段。2010—2020 年长三角地区耦合协调度水平呈波动下降趋势，其中 2011—2016 年处于中度失调阶段，但 2017—2020 年处于严重失调阶段。

表 4-16　2010—2020 年各地区人才产出耦合协调度水平

年份	耦合度			协调度		
	成渝	京津冀	长三角	成渝	京津冀	长三角
2010	0.759	0.119	0.096	0.266	0.096	0.191
2011	0.879	0.127	0.119	0.237	0.077	0.229
2012	0.822	0.129	0.133	0.230	0.081	0.234
2013	0.848	0.120	0.144	0.260	0.085	0.247
2014	0.838	0.103	0.136	0.288	0.089	0.239
2015	0.912	0.103	0.141	0.326	0.092	0.254
2016	0.783	0.103	0.138	0.288	0.094	0.232
2017	0.314	0.254	0.345	0.177	0.157	0.233
2018	0.051	0.565	0.711	0.063	0.210	0.134
2019	0.055	0.698	0.813	0.060	0.215	0.149
2020	0.058	0.759	0.827	0.059	0.213	0.155

（六）区域人才环境耦合协调度分析

从耦合度评价结果来看，2010—2020 年京津冀、长三角和成渝地区人才环境的耦合度相对较高，均处于高水平耦合阶段。具体如表 4-17 所示。从协调度来看，根据表 4-11 的耦合协调度等级划分标准，2010—2020 年成渝地区人才环境耦合协调度水平呈上升趋势，由 2010—2019 年的濒临失调阶段上升至 2020 年的勉强协调阶段。京津冀地区 2010—2020 年人才环境耦合协调度水平呈波动上升趋势，其中 2010—2012 年处于轻度失调阶段，2014—2017 年处于中度失调阶段，2018—2020 年处于轻度失调阶段。长三角地区 2010—2020 年人才环境耦合协调度水平较为稳定，且耦合协调度相对较高，均处于初级协调阶段。

表 4-17　2010—2020 年各地区人才环境耦合协调度水平

年份	耦合度			协调度		
	成渝	京津冀	长三角	成渝	京津冀	长三角
2010	0.998	0.968	0.929	0.465	0.314	0.681
2011	0.993	0.969	0.937	0.469	0.308	0.682
2012	0.981	0.946	0.920	0.486	0.303	0.672
2013	0.993	0.896	0.888	0.443	0.279	0.664
2014	0.976	0.888	0.872	0.420	0.251	0.652
2015	0.979	0.856	0.860	0.413	0.244	0.649
2016	0.993	0.867	0.891	0.434	0.269	0.665
2017	0.998	0.902	0.918	0.434	0.283	0.677
2018	1.000	0.901	0.926	0.461	0.305	0.680
2019	1.000	0.889	0.916	0.491	0.326	0.677
2020	1.000	0.903	0.930	0.514	0.344	0.682

基于此，在接下来的成渝地区双城经济圈人才协同发展过程中，区域内各地应坚持人才引领创新发展，着重加强人才投入、人才产出与人才质量方面的建设与发展。在投入方面，加大资金保障力度，为引进人才和人才工作开展提供强有力的经费保障；同时优化投入方式，改进资金投入方式，采取人才津贴、科研补助、人才奖励等多种形式，对关键领域和重点支持方向予以重点保障，优化发展平台，充分保障各类人才在创业创新、

产业转型等方面发挥引领作用。在人才产出方面，"搭建舞台"，提高人才的使用效率，人才发展以用为本，如果使用不好，再优秀的人才也只能是摆设；为优秀人才搭建起创新创业的舞台，坚决破除制约人才作用发挥的体制机制障碍，不断优化人才的工作和生活环境，保障人才心无旁骛地干事创业。在人才质量方面，"量体裁衣"设置人才发展的规模层次。每个地区的经济发展水平和产业结构不尽相同，对人才数量和质量的需求也就迥然相异。因此，成渝地区双城经济圈在人才发展中应摒弃贪多求全的思维，而要根据当地经济发展需要，科学合理地设置人才发展的层次和规模，围绕重点工作、重要项目，引培急需的各类紧缺人才。

第五章　成渝地区双城经济圈人才协同发展的政策及问题分析

第一节　成渝地区双城经济圈人才发展的政策协同分析

上文从人才规模、人才质量、人才投入、人才产出以及人才环境等维度客观量化了成渝地区双城经济圈人才协同发展水平。但具体的人才协同发展如何落地落实更多地体现在政策层面，因此下文就成渝两地具体的人才引培、人才评价、人才使用、人才服务和人才管理等方面的政策协同程度展开比较分析，以期总结两地在人才协同方面的成效经验，并发现短板和不足。

一、川渝两地人才培育与引进政策分析

重庆市委五届八次全会强调，扎实推进成渝地区双城经济圈建设，最根本的任务是集中力量完成自己的任务并团结协作办好合作大事，而其中的关键就是加强人才培育与引进。人才作为第一资源是推动成渝双城建设的关键。以人才互联、政策互通、资源共享、人业融合为特征的区域协同发展模式，涉及面广，需要多方共抓，这对人才工作提出了新的、更高的要求。2020年4月21日，在重庆召开的成渝地区双城经济圈人才协同发

展联席会议第一次会议上，四川与重庆签署《成渝地区双城经济圈人才协同发展战略合作框架协议》①（以下简称《协议》）。这是川渝两地签署的首个人才合作协议，开创了两地人才发展的新局面，人才培育与引进政策见表5-1。

《协议》中强调双方将共同打造人才集聚中心和人才高地。在人才政策协同方面，双方将共同争取国家人才政策改革试点，协同开展人才制度和政策创新，实现步调一致、同向发力，健全综合竞争力强的区域人才政策体系。在人才资源共享方面，双方将共建共享人才招引联络、信息网络、人才数据库等资源，协同开展全球高端人才延揽，开放共享科技、教育、产业等优质资源平台，协同推动人才培育，促进人才高效集聚。在人才平台共建方面，双方将共同争取在双城经济圈布局一批国家重大科技基础设施及重大科技项目，联合申报国家重点项目，开展重大科技项目攻关和科技成果转化，建成区域协同创新体系。在人才市场相通方面，双方将推进在人才资格互认、人才市场准入、人才统计标准、人才服务保障等方面贯通，组建区域人力资源服务产业园联盟，促进区域人才合理布局、有序流动。在人才活动联办方面，双方将协同举办具有全球影响力的重大人才活动，开放共享人才论坛、干部培训、专家研修和创新创业大赛等人才平台，互学互鉴活动经验，充分激发区域人才活力。

---

① ［双城记］川渝两地签署首份人才合作协议［EB/OL］.（2020－04－22）［2023－07－03］. https://m.thepaper.cn/baijiahao_7085857.

表 5-1　川渝两地人才培育与引进政策

对象	国际顶尖人才	国家级人才	省市级人才	青年人才	技能人才
重庆	1. 安家补助费 200 万元，每月岗位津贴为 8 000 元，提供建筑面积不少于 200 平方米住房。个人所得税地方留成部分实行前 5 年全额返还。 2. 重庆英才，人才奖励金 50 万元，研究支持经费 200 万元。 3. 重点产业人才支持政策：参照其年缴纳个税额度 2 倍或定额给予奖励，最高不超过 200 万元	1. 享受一次性安家补助 30 万元；提供 1 000～5 000 元/月岗位津贴；提供不少于 120～150 平方米住房；个人所得税地方留成部分实行前 5 年全额返还。 2. 重庆英才，人才奖励金 30 万元，研究支持经费 120 万元 3. 重点产业人才，年缴纳个税额度 1.5 倍或定额给予奖励，最高不超过 100 万元	1. 提供不少于 100 平方米住房；在本市购买首套商品房免征契税；在外留学人员（含香港、澳门地区）来渝工作或服务的，购买一辆国产小汽车免征车辆购置税。 2. 重庆英才，人才奖励金 10 万元，支持科研经费 20 万～40 万元。 3. 重点产业人才，参照其年缴纳个税 1.2 倍或定额给予奖励，最高不超过 30 万元	1. 博士后，建立从进站前到出站后的 13 个项目，提供 5 万～60 万不等的资金资助，部分区县建立了配套制度；资助情况，2019 年全市累计招收博士后 393 人，资助经费 3 600 万。 2. 留学人员，给予 5 万～12 万元创新资助，10 万～50 万元创业资助，每年资助资金在 1 200 万元左右	1. 给予中华技能大奖、全国技术能手获得者 5 万、2 万元奖励，给予世界技能大赛选手 1 万元奖励。 2. 市级技能大奖、全市技术能手 1 万元、3 000 元奖励

128

表5-1(续)

对象	国际顶尖人才	国家级人才	省市级人才	青年人才	技能人才
四川	1. 特支计划,一次性安家补助200万元,每人每月2 000元。	1. 天府万人计划,每人80万~100万元资助,每人每月2 000元。 2. 特支计划,一次性安家补助50万元。	1. 天府万人每人10万~30万元资助,每月1 000~1 500元津贴。 2. 特支计划,5万~30万元经费资助。 3. 学术技术带头人及后备人选,给予最高10万元资助。 4. 科技创新创业人才,给予不超过50万元资助。 5. 高层次创新团队,给予30万~100万元资助	1. 博士后,在站2 000余人,建立了平台、科研、日常等项目资助政策和三级配套政策,2019年全省累计招收博士后882人,省级财政资助经费1 000余万。 2. 留学人员,给予最高30万元创业资助;择优给予3万~10万元科技活动资助;每年1 000万元左右	把中华技能大奖获得者等纳入特支计划,一次性提供30万元安家补贴,每人每月1 000元岗位津贴

　　川渝两地在人才引进政策方面,各有千秋。四川以及成都对于国家级人才的引入力度远大于重庆。虽然重庆有重庆英才计划,但四川有多类人才引进计划,例如特支计划、蓉漂计划等都增强了四川地区人才引进的力度。成都市的蓉漂计划对顶尖人才每人资助300万元,顶尖创新创业团队资助500万元,对国际顶尖人才(团队)赴蓉创新创业给予最高1亿元综合资助。重庆对国际顶尖人才提供建筑面积不少于200平方米住房居住,每月岗位津贴8 000元。

　　川渝两地在人才服务保障方面,各有优势。比如说重庆的可选择性就读全市的公办幼儿园和公办义务教育阶段学校;又如妥善安排配偶(子女)就业问题,需随调工作的,可由主管部门按干部人事管理权限协调。

这些政策相对来说更具有吸引力，但四川并没有完善的配偶就业子女入学的相关政策。而四川成都的人才安居政策相对来说更吸引人，如成都急需紧缺人才租住政府提供的人才公寓满 5 年可按不高于入住时的市场价格购买该公寓。

川渝两地在人才人事政策方面，各有特色。在职称评审上，重庆和四川都将评审权限下放并要求结果互认，但是四川的政策更加全面细致，包括权限下放各个市区的数量都相当明确；在工资政策上，各地都出台了"事业单位绩效工资总量"，重庆市就此政策建立了绩效工资动态调整机制，出台了"科技成果转化收益奖励"等 20 项不纳入绩效工资总量管理的政策。另外，重庆市的事业单位可自主设立高层次人才专项资金，对高层次人才发放激励性报酬，由单位自行确定标准，不纳入单位绩效工资总量，政策显得更加灵活。

二、川渝两地人才评价与激励政策分析

两地为了解决"一刀切"的评价标准问题，均实施分类推进人才评价机制改革，健全评价机制。两地不仅仅以学历、职称、资历等来评价人才，而且依据不同类别人才所处行业的特性去设置合理的评价标准。两地都给予了用人单位更多的自主权完善人才评价工作。

（一）川渝两地人才评价政策比较

两地在不同行业人才评价政策有所差异：①重庆市目前有了医疗卫生人才分类评价、农村实用人才分类评价、社会工作专业人才分类评价等实施方案，相较于四川分类标准更为细致。②在科技人才评价政策中，两地对于应用研究和技术开发人才略有不同，重庆人才评价倾向于对专业领域

技术前沿把握能力、共性核心技术创新与集成能力等，对于人才评价标准要求较高。四川评价标准是专利的水平、技术开发的成熟度、中试以及二次开发的市场化水平等。其评价标准更为细致且更好评价。③当前两地对于技能型人才评价出台了不同的新政策。目前重庆更加注重打破高技能人才和专业人才的职称评审界限，促进高技能人才和专业人才深度融合；四川则是更加看重技术人才结构的合理，川渝两地人才评价政策比较见表5-2。

表 5-2　川渝两地人才评价政策的比较

	重庆	四川
类别	《重庆市分类推进人才评价机制改革的实施方案》	《关于分类推进人才评价机制改革的实施意见》
科技人才	基础研究人才评价：把握基础科学领域创新方向能力，提出、分析和解决重大科学问题能力，带动研究团队发展、提升学科水平能力。 应用研究和技术开发人才：对专业领域技术前沿把握能力，共性核心技术创新与集成能力，创新成果商品化、产业化和对产业转型升级带动能力。 社会公益研究人才：关注和研究社会、民生及产业发展热点，提出发展建议、决策参考的决策咨询能力。 科技管理服务人才：制定科技发展规划、组织实施科技项目、推进重大科技活动、提供科技专业化服务的管理协调和服务能力。 实验技术人才：实验技能、操作能力和工作效率	基础科学研究人才：科学成果的原创性、创新程度、贡献程度和影响广度。 应用人才与技术开发人才：专利的水平、创新要素的集成度、技术开发的成熟度、知识产权的营运效果、中试以及二次开发的市场化水平等。 实验技术和科研条件保障人才：实验技术装备的良好维护、升级和使用、重大装备的共享效果、对科学研究顺利开展所提供的信息、装备、财务等要素支撑和保障等。 科技成果转移转化人才：科技成果转化项目数、科技成果产生的经济社会效益、新技术新工艺新产品的推广应用、标准制定等
医疗卫生人才	六类别医护人员的专业知识技术，带教能力，新技术推广应用能力等考察	—

表5-2（续）

	重庆	四川
社会工作专业人才	管理人才：社会工作专业人才队伍建设，岗位人才建设等方面的成效。 教育研究人才：专业人才培养，教学研究，成果转化等方面成效。 服务人才：服务的时效性，专业性，针对性，疑难问题处理，服务对象满意度等	—
技术人才	出台《关于在工程技术领域实现高技能人才与工程技术人才职业发展贯通的实施意见（试行）》（以下简称《实施意见》），畅通工程技术领域高技能人才与专业技术人才职业发展通道	支持优秀技能人才破格或者越级参加评价； 建立一批结构合理，技艺精湛的技术人才； 健全人才评价档案和失信黑名单制度

（二）川渝两地人才激励政策比较

两地在人才激励政策方面，显然在货币方面的激励，重庆市的政策更为直接，人才奖励金、经费资助金额略多于四川。但是重庆市人才政策激励措施方式与四川相比略显单一，以货币激励为主。四川不仅仅有货币激励，同时还为入选人才组建团队，为其配备助手，以及在生活方面特殊照顾入选人才。川渝两地人才激励政策对比见表5-3。

表5-3　川渝两地人才激励政策对比

省份	重庆	四川
类别	《重庆英才计划实施办法（试行）》	—
住房	—	综合采取人才公寓、购房补贴、租房补贴等方式
医疗	—	享受省优秀专家医疗待遇，其所需医疗资金按原渠道通过现行医疗保障制度解决

表5-3(续)

省份	重庆	四川
资金资助	给予重庆英才·优秀科学家最高200万元的研究支持经费; 给予创新创业示范团队每个30万元的研发支持经费; 创新领军人才40万元的研究支持经费	对杰出人才入选者,给予每人80万至100万元资助; 新领军人才、天府创业领军人才,给予每人30万元资助
团队建设	—	为入选者量身组建创新创业团队,为杰出人才入选者建立杰出科学家工作室,为入选者引进配备团队成员和助手
项目支持	—	—
岗位职称	—	入选者经所在单位同意,到科技型企业兼职并按规定取得相应报酬; 入选者经所在单位同意,到科技型企业兼职并按规定取得相应报酬。
表彰激励	重庆英才·优秀科学家每人30万元~50万元的人才奖励金,对于其他领域优秀领军人才给予10万元人才奖励。	分别给予杰出人才、领军人才和青年拔尖人才每人每月2 000元、1 500元、1 000元岗位激励资金

三、川渝两地人才使用与流动政策分析

近年来重庆参照《重庆市中长期人才发展规划纲要（2010—2020年）》并结合实际情况出台了新的政策,如出台《重庆市引进高层次人才若干优惠政策规定》,《重庆市引进海内外英才"鸿鹰计划"实施办法》,从安家资助、项目扶持、培养使用等方面吸引人才流入;实施"三峡之光"、科技特派员、首席规划师等人才项目公费为农村培养教师、医生并派遣一批青年干部到基层,专家团下乡助力脱贫,振兴乡村;实施人才职称评价新政策,打破身份、学历、人事关系等制约,促进人才的交流。成都出台了《成都市中长期人才发展规划纲要（2010—2020年）》,总体上与重庆的人才政策类似,都是坚持以人为本、人才优先的理念,灵活管理

人才，促进人才资源的有效利用。

从人才使用效果来看，两地还是略有差异：2018 年重庆国际国内论文数量为 13 843 篇，较 2014 年增长 42.35%；四川国际国内论文数量为 26 466 篇，较 2014 年增长 58.37%；2018 年重庆国内发明专利授权数为 6 570 个，较 2014 年增长 183.06%；四川国内发明专利授权数为 11 697 个，较 2014 年增长 105.86%。

四、川渝两地人才服务与权益保障政策分析

两地在市场化服务方面，重庆的人力资源服务人员队伍素质稳步提升。重庆围绕提升从业人员能力和素质，在浙江大学、厦门大学等著名高校举办了 5 期人力资源服务业发展高级研修班，培训企业高级管理人员 280 余人次；举办了 5 期业务骨干培训班，培训人力资源服务机构业务骨干 539 人次。同时，各人力资源服务机构积极开展形式多样的员工培训，全面提升从业人员的能力素质。截至 2018 年年底，全市人力资源服务业从业人员大专及以下学历人员占 71.57%，占比与 2017 年相比下降 1.03%；本科学历人员占比为 25.15%，与去年同期基本持平；研究生及以上学历人员占比为 3.28%，同期占比上升 1.22%。这加快了人力资源服务产业的发展。

而四川则印发了《加快发展人力资源服务业的意见》，建成成都市国家级人力资源服务产业园，筹建绵阳、乐山、泸州 3 个省级产业园；率先出台省人力资源服务许可备案管理规定，制定首个关于人才流动配置的改革性文件。编制发布首个省级重点领域急需紧缺人才目录；首次举办"智汇天府、赋能未来"中国（西部）人力资源协同发展高峰论坛。2019 年

四川省有人力资源服务机构 1 420 家，从业人员 3.2 万人，设立固定招聘场所 1 314 个，年服务 2 441 万人次，服务用人单位 142 万余家，举办现场招聘会 3.5 万次，促进 520.7 万人实现就业和流动；全年组织 10.9 万人参加创业培训；新增创业担保贷款 22.5 亿元，扶持自主创业人员 1.5 万人，带动（吸纳）就业 5.6 万人；全年促进农民工返乡创业 6.1 万人，创办企业 2.6 万户，创造产值 196 亿元；全年公共就业和人才服务机构为 110.3 万城乡各类求职人员办理求职登记，提供职业指导、职业介绍服务分别达 83 万人次、93 万人次；全年争取中央财政就业专项资金 31.5 亿元，省级财政就业专项资金 6.4 亿元。

在公共服务方面，川渝两地政策各有侧重，但都旨在不断提升地区人才流动公共服务水平，加快建立一体化的人才流动公共服务体系。如表 5-4 所示，川渝两地分别从人才定居、医疗保健、居留许可、交通出行、金融服务、科技服务、参观旅游、配偶就业、子女入学和其他服务九个层面为引进人才提供全方位的公共服务和保障。但川渝两地政策存在部分差异，重庆在公共服务方面的政策制定得更为细致具体，而四川的政策相比而言更为宽泛。例如，在金融服务层面，相较于四川，重庆所推出的政策就更为具体详细，对信用贷和创新创业贷款规定了明确的最高限额，而四川只提出会提供优惠，相比之下重庆的政策更为切实可靠。另外，在配偶就业和子女入学的层面，重庆为人才家属安置提供了一定的便利，但四川在这层面上并未有成文的政策，这可能会使部分人才迫于此方面的担忧而放弃在四川发展的想法。川渝两地高层次人才服务保障对比见表 5-4。

表 5-4　川渝两地高层次人才服务保障对比

类别	重庆	四川
人才安居	1. 持卡人购买首套住房的，享有本地户籍人员同等待遇，并协调相关银行给予贷款利息优惠。 2. 持卡人及核心团队成员，可就近入住人才公寓。 3. 持卡人使用住房公积金贷款在渝购房，公积金贷款额度提高到个人最高限额的 4 倍	1. 持卡人在省内工作所在地购买首套住房不受限制。 2. 享受相关安居保障政策。 3. 可享受购房地住房公积金贷款额度和贷款期限优惠
医疗保健	1. 持卡人在定点医院可享受预约挂号、优先就诊、优先办理入院、优先安排床位、优先开展手术等医疗服务。 2. 可享受每年 1 次的健康体检。 3. 参加市级休假疗养和学术交流活动	1. 持卡人可在指定医院享受省优秀专家医疗待遇，享受特约门诊就诊、入住干部病房等医疗服务。 2. 每年为持卡人免费组织一次健康体检
居留许可	1. 为符合条件的外籍持卡人及其配偶、未满 18 周岁的子女提供签证及永久居留身份证办理便利。 2. 为持卡人及其直系亲属开通快捷申办通道，提供急事急办服务	1. 专人指引和快速通道服务，即时受理、限时办结。 2. 持卡人可按规定在办理户籍、出入境与居留、公证、海关申报等手续时，享受快速通道服务或相关便利
交通出行	在指定商业银行办理"英才卡"的人才，可凭"英才卡"享受本人及陪同人员 1~2 人使用市内机场、火车站、高铁站要客通道（每年 10 人次）服务，使用指定商业银行的国内和国（境）外的高铁贵宾厅和机场休息室服务	1. 本人及 1 名陪同人员可持四川航空经济舱机票享受公务舱值机柜台办理登机牌及行李托运、优先安全检查等服务。 2. 持卡人可凭卡免费乘坐省内部分城市轨道交通、公交交通等

表5-4（续）

类别	重庆	四川
金融服务	1. 提供免抵押、免担保信用贷，包括最高 100 万元的人才消费信用贷、最高 500 万元的知识价值信用贷、最高 100 万元的人才创业贷。 2. 提供最高 500 万元的房产抵押贷、最高 2 000 万元的流动资金贷和工业用房按揭贷款等创新创业贷款支持	1. 在四川省内银行业机构、保险业机构享受绿色通道服务。 2. 对持卡人创办科技型企业给予信贷支持和利率优惠。 3. 在指定银行享受个人贷款利率及还款期限优惠。 4. 外籍持卡人可持 A 卡、本人有效身份证件在四川省开设储蓄卡、信用卡账户，办理存取款和汇兑业务等
科技服务	1. 免费享受科技咨询等服务，免费使用重庆市科技资源共享平台，大型科研仪器设备信息共享服务。 2. 免费使用"对手通"、产业专利数据库等系统工具，免费获取专利著录项数据接口服务。 3. 免费享受知识产权咨询服务	为持卡人积极提供优质的科技信息及咨询服务，将持卡人纳入特约科研信息服务范围，享受科技文献信息、科技查新咨询等特约便捷服务
参观旅游	持卡人本人及 1~6 岁陪同人员免费游览市内 AAA 级及以上旅游景点（具体名单陆续公布）	可免费进入四川省内向社会开放的国有图书馆、博物馆、美术馆，享受省直文艺院团演出门票折扣优惠，可享受部分旅游景区及国家森林公园的门票减免优惠
配偶就业子女入学	1. 可选择性就读全市的公办幼儿园及义务教育学校。 2. 妥善安排配偶（子女）就业问题，需随调工作的，可由主管部门按干部人事管理权限协调指导	—
其他服务	1. 办理有关涉税事项时可享受税务部门提供绿色通道服务。 2. 高层次人才可按规定享受首套商品房享受契税补助。 3. 持卡人创办企业，在一个纳税年度内技术转让所得不超过 500 万元的部分，免征企业所得税，超过 500 万元的部分，减半征收企业所得税；属高新技术企业的，减按 15% 税率征收企业所得税	持卡人可享受"四川省人才之家"服务专员"一对一"个性化服务，包括政策咨询、项目申报、学习培训、代收代办、会议洽谈等内容

在权益保护方面，如表5-5所示，川渝两地从职称评审、岗位、工资政策、行政许可、其他政策五个方面，对人才权益保护做了具体规定。川渝两地基于两地人才协同发展的需要，在权益保护方面大体一致，但在细节方面存在一定差异。川渝两地评审权限下放、信息化建设等基本一致；重庆在岗位结构比例上放得更宽；四川不再使用退二进一的过渡政策。整体看，重庆事业单位工资政策更灵活。重庆事业单位绩效工资略高于四川。对于四川在渝人力资源分支机构，重庆市由审批改为备案制度；审批权限略有不同，四川对省属事业单位下放到行业部门，重庆放在人事综合管理部门。

表5-5 川渝两地人才权益保护政策对比

类别	重庆市	四川省
职称评审	1. 评审权限下放：中级全面下放，高级部分下放（向具备条件的高校全面下放教授、副教授职称评审权，向市属科研院所下放科研及相关系列高级职称评审权，向三甲教学医院下放副高级职称评审权，向大型企业下放高级职称评审权） 2. 结果互认：评审结果不能直接互认，各区、县进行确认和换证。 3. 绿色通道。定期专项评审	1. 评审权限下放：中级全面下放，高级部分下放：高校和2所大型医院自主评审，中小学高级全部下放到市州，其他系列或专业成都市下放6个、绵阳市3个、德阳2个、川南自贸区2个。 2. 结果互认：评审结果不能直接互认，各市、区、县进行确认和换证。 3. 绿色通道：将专项评审和不定期评审相结合
岗位	1. 结构比例：高级、中级、初级岗位之间的结构比例为1.5：4.5：4。 2. 岗位聘用：未区分是否同一层级专业技术岗位，均允许事业单位高岗低用，仍在使用退二进一政策	1. 结构比例：高级、中级、初级岗位之间的结构比例为1：3：6。 2. 岗位聘用：允许事业单位将专业技术同层级内岗位高岗低用，不再退二进一

表5-5（续）

类别	重庆市	四川省
工资政策	1. 事业单位绩效工资总量：建立了绩效工资动态调整机制，出台了"科技成果转化收益奖励"等20项不纳入绩效工资总量管理政策。市本级事业单位年均绩效13.1万元，高校13.2万元，公立医院20.1万元。 2. 高层次人才薪酬：事业单位可自主设立高层次人才专项资金，对高层次人才发放激励性报酬，标准由单位自行确定（不设上限），不纳入单位绩效工资总量管理。 3. 科技成果转化收益：按规定使用科技转化收益，向项目团队组成人员发放的奖励，不纳入单位绩效工资总量管理。 4. 财政科研项目：使用市外各级（含国家）财政科研项目资金的间接费用向项目团队组成人员发放奖励，不纳入单位绩效工资总量管理	1. 事业单位绩效工资总量：未建立动态调整机制，高校、科研院所绩效工资总量相对较低，20多所高校绩效工资年人均水平8.4万元，科研院所7.9万元。 2. 高层次人才薪酬：急需紧缺的高层次人才的特殊报酬由主管部门专项据实核增，计入当年单位绩效工资总额，不作为绩效工资总额基数。 3. 科技成果转化收益：科技成果转化的收益划归成果完成人及其团队部分，不纳入绩效工资管理。 4. 财政科研项目。使用市外各级（含国家）财政科研项目资金的间接费用向项目团队组成人员发放奖励，纳入绩效工资总量管理
行政许可	1. 许可条件：重庆市认可的职业资质包括人力资源管理师和重庆市人才研究及人力资源服务协会发放的《重庆市人才中介服务执业资格证书》。 2. 使用面积：所使用面积标准统一为不少于50平方米。 3. 许可时限：10个工作日	1. 许可条件：四川省认可的职业资质包括人力资源管理师和四川省人力资源服务协会发放的人力资源服务从业培训证书。 2. 使用面积：没有做统一规定，由各市州结合实际制定标准（30～80平方米）。 3. 许可时限：20个工作日
其他政策	1. 基层项目：对"三支一扶"人员、大学生村官等，实行单列计划的专项招聘。 2. 面试命题：提供统一面试命题。 3. 审批权限：省属事业单位人员调动由人事综合管理部门直接审核办理。 4. 流动方面：没有相关限制条件，部分区县提出支持顺向调动反对逆向调动的要求	1. 基层项目：对"三支一扶"人员、大学生村官等，采取笔试加分的方式进行政策照顾。 2. 面试命题：官方考试机构每年提供若干套结构化面试试题，招聘方按需选择。 3. 审批权限：将省属事业单位人员调动管理下放到省级主管部门。 4. 流动方面：允许顺向流动，不允许逆向流动

川渝两地在激励机制方面，人才激励主要体现在人才引进后的物质激励和平台发展激励。川渝两地将人才分为五个等级，分别给予不同等级人才以不同的激励政策支持，具体政策和支持力度如表5-6所示。两地对高层次人才、海内外紧缺人才和五类培养人才给予岗位津贴、奖励金和科研经费支持等方式的物质激励，覆盖对象较全面，都为人才科研创新活动提供了必要的资金保障，并且四川还设立各类人才荣誉奖，从物质层面、精神层面激励人才。另外，为开辟人才激励新渠道，成都专门建立《高层次人才名优产品目录》，在政府采购、宣传推广等方面将给予一定支持。但目前重庆人才激励政策缺乏创新，方式单一，加之激励力度较小，加大了引才、留才的难度。

表5-6　重庆及成都的人才激励政策对比

对象	国际顶尖人才	国家级人才	省市级人才	青年人才	技能人才
重庆	1. 安家补助费200万元，每月岗位津贴为8 000元，提供建筑面积不少于200平方米住房。个人所得税地方留成部分实行前5年全额返还。 2. 重庆英才，人才奖励金50万元，研究支持经费200万元。 3. 重点产业人才支持政策：参照其年缴纳个税额度2倍或定额给予奖励，最高不超过200万元	1. 享受一次性安家补助30万元；提供1 000~5 000元/月岗位津贴；提供不少于120~150平方米住房；个人所得税地方留成部分实行前5年全额返还。 2. 重庆英才，人才奖励金30万元，研究支持经费120万元。 3. 重点产业人才，年缴纳个税额度1.5倍或定额给予奖励，最高不超过100万元	1. 提供不少于100平方米住房；在本市购买首套商品房免征契税；在外留学人员（含香港、澳门地区）来渝工作或服务的，购买一辆国产小汽车免征车辆购置税； 2. 重庆英才，人才奖励金10万元，支持科研经费20万~40万元。 3. 重点产业人才，参照其年缴纳个税1.2倍或定额给予奖励，最高不超过30万元	1. 博士后，建立从进站前到出站后的13个项目，提供5万~60万不等的资金资助，部分区县建立了配套制度；资助情况，2019年全市累计招收博士后393人，资助经费3 600万。 2. 留学人员，给予5万~12万元创新资助，10万~50万元创业资助，每年资助资金在1 200万元左右	1. 给予中华技能大奖、全国技术能手获得者5万、2万元奖励，给予世界技能大赛选手1万元奖励。 2. 市级技能大奖、全市技术能手1万元、3 000元奖励

表5-6（续）

对象	国际顶尖人才	国家级人才	省市级人才	青年人才	技能人才
四川	1.特支计划：一次性安家补助200万元，每人每月2 000元。	1.天府万人计划：每人80万~100万元资助，每人每月2000元。2.特支计划：一次性安家补助50万元。	1.天府万人计划：每人10万~30万元资助，每月1 000~1 500元津贴。2.特支计划：5万~30万元经费资助。3.学术技术带头人及后备人选，给予最高10万元资助。4.科技创新创业人才，给予不超过50万元资助。5.高层次创新团队，给予30万~100万元资助	1.博士后，在站2 000余人，建立了平台、科研、日常等项目资助政策和三级配套政策，2019年全省累计招收博士后882人，省级财政资助经费1 000余万。2.留学人员，给予最高30万元创业资助；择优给予3万~10万元科技活动资助；每年1 000万元左右	把中华技能大奖获得者等纳入特支计划，一次性提供30万元安家补贴，每人每月1 000元岗位津贴

五、川渝与其他区域（长三角、京津冀、粤港澳）的政策比较

近年来，川渝两地立足自身发展不断探索高质量人才公共服务体系，围绕各类人才的差异化需求，制定出台了一系列人才政策。从纵向时间上来看，川渝两地人才政策体系已逐步建立和完善，并且在人才公共服务供给水平和供给质量方面取得了长足进步，但与东部沿海发达省份（长三角、京津冀、粤港澳）相比仍存在较为明显的短板。例如，在人才激励方面，川渝地区相较其他区域而言，人才激励力度稍弱，目前，重庆和四川的人才政策激励措施与其他省份同质化严重，加之激励力度较小，从而加大了引才、留才难度。特别是在创新创业人才的支持上，大多数省份均采取货币激励方式。如表5-7所示，各省份对创新创业人才的货币激励力度均大于川渝。其中，北京对创新创业个人的激励力度最大，广东对创新创业团队的激励力度最大，上海除了对入选国家级的人才给予有区别的物质

奖励外，还创新性地实施非货币激励，对满足条件的创业创新人才进行积分奖励、申办常住户口缩短社会保险累计年限或直接落户的奖励，多样化激励创新创业人才。

表 5-7 东部沿海发达省份关于双创人才货币激励力度一览表

省份	主要激励政策	出处
北京	领军人才：每人 100 万的一次性奖励； 青年人才：每人 50 万的一次性奖励； 高精尖产业中符合条件的创新创业人才和团队，还分别给予最高 200 万元、1 000 万元的一次性奖励	《北京市高层次创新创业人才支持计划》；《关于优化人才服务促进科技创新推动高精尖产业发展的若干措施》
上海	最高 100 万元资助以及 50 万元安家补贴	《关于进一步吸引与鼓励海外高层次人才创新创业的实施办法》
广东	科技创新创业领军人才：80 万元生活补贴； 科技创新青年拔尖人才：120 万元生活补贴； 本土创新创业团队：最高不超过 1 亿元资助，首期拨付 60%，中期考核合格后拨付 40%	《广东省培养高层次人才特殊支持计划》
江苏	根据双创人才或团队演示、答辩进行评分后给予 50~500 万不等的资助	《江苏省高层次创业创新人才培育计划实施办法》
浙江	最高每人可获得 100 万元的特殊支持 领军型创新创业团队：不低于 100 万元研发支持	《浙江省高层次人才特殊支持计划》；《浙江省领军型创新创业团队引进培育计划实施细则》

另外，川渝地区人才服务缺少特色。川渝两地着眼于人才的跟踪、联系、办事程序，完善人才服务功能，对高层次人才实行"人才服务证"制度，提供包含科技服务、职称评审、户籍服务、居留签证服务、配偶就业服务、子女入托（学）服务、医疗服务等在内的 9 项便利服务，满足了人

才工作生活的基本需要。这与其他省份基本的人才服务功能大致相当，但不够全面。例如北京的工作居住证相比重庆增加了购租房屋、小客车指标摇号等待遇。广东"优粤卡"提供了人才的社会保险服务、金融服务、交通服务。上海"一网通办"服务平台大大优化人才网上办事流程，实现了人才服务的无证化管理。浙江设立"人才飞地"，推进人才服务向省外开放，推出人才服务平台以及"人才服务银行 2.0 版"，在实现各类事项一网通办的基础上，增强人才的流动性服务。

除了安居保障方面的"一站式服务"外，人才成长环境的优化对人才发展也很重要。北京、上海按照"世界眼光、国际标准、中国特色"的中心要求，加快建设国际人才社区，积极营造海外人才发展环境，还开办外籍人员子女学校，采用外国教育教学模式来满足外籍人才子女接受教育的需要。上海通过建设上海大歌剧院、上海图书馆东馆和上海博物馆东馆等十大文体地标，引进国际知名的文化艺术团队，办好各类品牌文化活动，满足人才的多元文化需求。广东一方面针对创新创业人才设立研修院，通过举办"群英会"，推动人才与专业服务机构、企业的资质、企智对接；另一方面通过国情研修、教育培训、疗养保健等，加强对高层次人才的政治引领和关心关爱；另外，广东还成立人才知识产权法律服务联盟，为人才提供公益性、专业性的知识产权法律服务。江苏定期开展休假疗养，各类高层次人才走访慰问、健康体检等活动，组织"江苏省留学回国先进个人奖""江苏技能大奖"等优秀人才评比表彰活动，在全社会树立大兴识才、爱才、敬才、用才之风。川渝两地无论是在人才精神需要方面，还是在人才成长环境的优化方面，都和长三角、京津冀、粤港澳地区有差距。

第二节　成渝地区双城经济圈人才协同发展存在的问题

一、人才协同发展基础不够坚实

当前，成渝地区双城经济圈在人才总量、高层次人才数量、人才国际化水平等方面与国内发达地区还存在差距。人才协同发展基础不够坚实，与成渝地区双城经济圈建设的战略需求不相适应。

一是人才储备不足。截至 2021 年年底，川渝地区人才资源总量为 1 665万人，为京津冀的98.7%、长三角的45.1%，科技创新人才数量不足京津冀的60%①。对照成渝地区双城经济圈建设七大战略任务，交通、金融、生态环保等领域人才短缺。人才是能够运用自己专门的知识，较高的技术能力，对人类进步做出巨大贡献的人，是经济社会发展的第一资源。人才资源总量过低，意味着区域的知识资本投入不足，将会导致区域内生产结构上的失衡，继而引发区域内经济发展速度的相对落后。

二是高端人才不多。高端人才倾向于集中在京津冀和长三角等经济发达的地区。为了改变成渝地区高端人才匮乏、区域之间人才失衡的现状，成渝两地政府需要通过积极的财政资助，搭建与完善各个方面的平台，吸引高端人才进入成渝地区，从而改善成渝地区高端人才匮乏的现状。

三是国际化水平不高。成渝两地 2019 年应届海归人才数量仅为北京、上海的1/4，川渝两地持 A 类长期工作证的外国高端人才数量仅为京津冀的25.5%、长三角的4.5%。成渝地区具有海外留学背景的人才不多，熟

---

① 本节人才数据来源：苏静. 深化川渝人才合作共建科技创新中心 [J]. 重庆行政，2021，22 (2)：7-9.

悉国际惯例、交易市场规则和市场规律的人才较少。研究显示，稳定的政治环境、较高的院校科研水平和教师的薪资待遇成为吸引海外高端人才回国的重要因素。为了改变当前成渝地区人才国际化水平过低的现状，成渝两地政府不仅需通过财政资助，改善普通高校在科研经费、科研设备、人员薪酬等方面的不足，鼓励其积极开展海外引智工作；还应该与相关部门协调和汇总信息，在海外科研人员使用频率较高的社交媒体平台定期发布人才招聘信息，解决海外高端人才对国内科研招聘信息获取渠道不畅通的困扰。截至2021年，川渝地区有普通高校203所，低于长三角地区461所、京津冀地区271所，而且成渝地区进入国家"双一流"建设的学科偏少。成渝地区仅有10所高校、18个学科进入"双一流"建设名单，总体低于北京、上海。而重庆仅4个学科进入建设名单，远低于四川。全国第四轮学科评估成渝地区高校A类学科只有35个，远低于北京、上海。重庆没有学科入选A+档，A档只有1个。相关文献表明，高端人才以及海外归国人才半数以上期望在高校工作。海外归国人才在确定就业院校的考虑因素中，院校是否入围"双一流"，所在专业院系的全国学科排名等为主要因素，薪酬待遇、科研配套资金则为次要因素。可见，就业院校的学术声望、职业发展平台的前景性，是影响人才选择的关键变量。

二、人才与产业协同程度不高

（一）人才产业分布不尽合理

人才资源与成渝地区双城经济圈的产业空间布局协同不够，人才资源的配置效率和发展绩效不高。

1. 产业趋同，人才竞争激励

成渝两地同属西部地区，资源禀赋大致相同，加之历史原因，重庆、成都均将汽车、电子信息、装备、消费品、医药健康、新材料作为各自发展的主导产业予以推进（见表5-8）。产业的发展离不开人才，两地产业结构的趋同导致成渝两地对人才的争夺十分激烈，甚至导致恶性竞争。因为区域产业趋同会使同类人才争夺更为激烈。一定区域范围内经济产业的同构性，使得区域人才协同发展面临"同质化"企业的竞争加剧，人才协同发展可能演变成区域内部分"同质化"企业的引才"拉锯战"。四川和重庆在全国具有比较优势的行业中有6个重叠，成渝两地的制造业结构趋同，在集成电路、新型显示、智能终端、新一代信息技术、汽车制造等细分领域，存在同质化竞争和资源错配现象，尚未形成跨区域产业联动协同发展模式。人才总量在一定时间内是固定的，一旦人才供给不足，人才协同发展将面临"僧多粥少"的局面。同时不同区域都是相对独立的利益主体，所追求的都是各自利益的最大化，因此人才市场被各地分割，从而不利于保障人才流动的畅通性，并对推进区域人才协作开发造成阻碍。

表5-8 成渝地区主要产业比较分析

	电子信息	装备	汽车	消费品	医药健康	新材料	化工	航空	旅游	物流	特色农业	电子商务	数字经济
重庆	√	√	√	√	√	√	√						
成都	√	√	√	√	√	√		√					

2. 产业转型，急需高端人才

成渝两地对于电子信息业人才需求量大，电子信息产业是重庆和成都的支柱产业。电子信息产业属于技术和知识密集型行业，对从业人员的专业技能和综合素质要求相对较高。未来随着5G、人工智能等新一代信息技术的进一步融合应用以及机器人、可穿戴设备、无人机等智能终端产品的推广普及，电子信息产业发展预期将会持续加快，带来巨大的人才需求。但是从相关数据可以看出，在电子信息产业，成渝两地目前就业人员中低级职称的专业技术人员占比很大，两地都迫切需要高级职称的专业技术人员。同时由于行业特性，电子信息产业需要高素质人才，成渝两地人才政策显然是竞争关系，这不利于两地的经济发展。汽摩、装备制造、消费品工业是成渝两地的传统产业。近年来，随着产业转型升级，这几个产业积极进行转型，但是就目前岗位比例来看，明显高技术人才匮乏，特别是成渝两地都想把握机遇，大力实施政策引入人才。因此成渝两地虽然有人才集聚的功能，但是竞争大于合作。

3. 人才资源限制新兴产业发展

目前成渝两地人才资源的总量、质量与成渝双城经济圈建设的战略目标还不相适应。"两中心"理应是人才集聚中心，"两高地"理应是人才高地。但成渝地区人才资源体量不大，截至2021年，两地人才资源总量1 655万人，且质量不高，"两院"院士储量不足。智能制造、新能源、大数据、5G等新兴产业难以发展。

（二）人才区域分布不均衡

从成渝两地组织部公布的数据来看，成都主城和重庆主城两城"双核"独大,产生"虹吸效应"。重庆主城人才资源占重庆市人才资源约73%;成都人才资源占四川省人才资源约71%。这就造成了其他地区人才稀少不利于发展,同时两地聚集人才,除了造成人才争夺战更为激烈,还可能造成人才闲置浪费与人才短缺并存的情况。

三、人才平台协同聚才能力不强

(一) 人才集聚平台不多不优

成渝地区"双一流"建设高校不及京津冀、长三角地区的一半,国家重点实验室、中国 500 强企业、独角兽企业均远低于京津冀、长三角地区。截至 2022 年年末,成渝地区尚无国家实验室、综合性国家科学中心等重大平台落户。平台是优化和集成科技资源开展科技活动的重要载体,也是人才集聚的关键平台。一个庞大的实验室体系,能够为科研人员提供充足的科研经费,从而保证了科研项目的稳定性和连续性;能够为科研人员提供高精尖的科研设备和装置,为大型科研项目奠定物质基础。所以成渝地区应积极建立创新协同的重大平台,使创新人才能够实现大规模、跨学科前沿领域深度科研合作,有效促进创新人才集聚;同时充分发挥高校院所、重点实验室、孵化器、产业园等各类创新创业平台,让人才借助平台创造出更多的价值。

(二) 成渝地区聚才政策竞争力有限

新一轮"抢人大战"日趋激烈,各地纷纷出台更具含金量的人才政策,补贴求贤,吸引人才流入。对比北京、上海、广州、深圳、南京、杭州、西安、武汉等城市,成渝两地引才政策还有一定差距。从国家政策导向来看,习近平总书记指出,要加快实施人才强国战略,确立人才引领发展的战略地位，努力建设一支矢志爱国奉献、勇于创造的优秀人才队伍。从经济发展的必然来看，人才成为制约经济发展的一大关键要素。要想实现经济的高质量发展，最关键的就是提高企业的创新驱动力，这就需要大量的高科技创新人才做支撑。从城市发展需要层面来看，城市经济转型升级，城市环境和城市形象大力提升，迫切需要服务于城市各个层面的人才。综合以上三方面，成渝地区制定更有吸引力和符合本地实际需求的人才政策迫在眉睫。

（三）成渝地区招才引智活动影响力亟待增强

川渝两地近年来连续举办了海科会、知名高校四川人才活动周、重庆英才大会等活动，但与深圳中国国际人才交流大会、上海全球人才高峰会等国际性人才盛会相比，人才活动的影响力还存在较大差距。

四、人才协同政策存在体制机制瓶颈

成渝地区人才协同发展还存在体制性障碍，尚未形成统一的区域人才发展规划。区域体制机制束缚会造成利益分割和行业自行其是。由于体制机制束缚和利益分割，成渝地区用人主体缺乏协同发展的积极性和主动性，自觉不自觉地筑起区域内体制机制的"防护墙"，不能营造出区域新的共同利益增长点，而停留在原有利益的争抢中。

（一）人才统筹协调机制不够健全

受行政壁垒和区划调整影响，成渝两地在制定人才政策上倾向于"抢跑""加码"，缺乏统一的区域人才发展规划和政策衔接。成都和重庆主城都市圈无论是在人才学历结构、人才年龄结构、从业人员结构，还是高层次人才、社会创造力、工资水平都有绝对的优势，所以造成了成都和重庆

主城都市圈"双核"独大，产生了较强的"虹吸效应"，集中了各自区域70%以上的人才资源，在区域协同上存在"先做大自己再说"的思想。另外部分地市（州）、区县存在"协同等于人才流失"的担忧，协同积极性不高。

（二）人才共建共享机制不灵活

成渝地区人才协同发展实际上是将两地相互独立的人才资源整合成一个完整的人才资源链，实现成渝区域内的人才流动和高效配置，从而增强区域内人才的综合实力、促进人才的互联互通。然而成渝地区人才评价标准存在差异，人才计划、职称资格、技能等级等相互独立，缺乏统一共享的人才信息数据库，尚未建立人才柔性流动合作机制，导致两地人才流动不畅，人才资源的共享程度较低，难以形成深度有效的人才协同发展机制。2019 年重庆人才流入成都占比不足 14%，成都人才流入重庆占比不足 18%。

（三）项目合作机制不够健全

成渝地区人才协同高校、医院、科研院所、企业等领域内部和跨领域交叉合作不够，联合申报重大课题、科技攻关不多，2019 年四川有 25 个项目获国家科学技术进步奖，其中与重庆单位合作的仅 1 个。跨领域合作不足导致大量科技成果"外溢"，2019 年成渝两地输出技术活动成交额为 1 268.6 亿元。

（四）人才合作培育机制尚未形成

随着成渝地区双城经济圈建设的推进，成渝两地的高校之间交流和合作日趋频繁和深入，两地人才资源的交流合作需求日渐增强。成渝地区双城经济圈必须依托双一流高校集群才能培养创新型人才。成渝地区可以借鉴长三角、京津冀等区域高校集群发展的模式，培育多元化的高层次人才，吸引大批学生和学者，为培养新兴产业的尖端创新人才，面向科技前沿和关键性技术问题，建立起高质量的研究中心。

（五）人才政策相互博弈

推进成渝地区人才协同发展，是提升区域人才发展治理水平的现实需要，有利于促进区域人才高效配置。1997 年川渝分治之后，两地深度合作不够，甚至竞争大于合作的现象是客观存在的。比如，成都、重庆均以电子信息和汽车制造为支柱产业，都在大力推进转型升级，并且都能够形成上下游较为完备的产业链，同质化发展，导致相关领域人才争夺激烈。

五、人才服务尚未形成有效协同

（一）人才公共服务供给不足

公共服务方式单一。重庆人才公共服务方式主要是以政府为主导的公共服务模式。重庆通过加强政府的公共服务职能来强化人才公共服务力度，除建立人才服务平台外，依托中小型企业为载体的政府与社会合作平台相对不足，人才环境缺乏全面性、专业性和人性化。重庆没有完全打破单一的服务渠道，不利于人才公共服务的多元化和合理化。

（二）人才市场服务不具有国内优势

重庆市人力资源服务机构数量和其他区域存在较大差距，服务能力弱、发展水平不高；对人才储备资源网络的建设还不够完善，没有充分发挥现有可利用机构及组织精准引才的作用。截至 2022 年年末川渝两地仅有国家级人力资源服务产业园 2 家，高端猎头机构较少，人才市场、信息和网络建设滞后，在引进国际化人才方面作用甚微。

（三）人才政策力度和覆盖面不够

目前重庆市人才政策激励措施与其他省份同质化严重，激励政策缺乏创新，方式单一，同时在激励力度方面又缺乏竞争力，这加大了引才、留才的难度。特别是在创新创业人才的支持上，大多数省份采取货币激励方式，各省份对创新创业人才的货币激励力度均大于重庆。重庆市人才服务政策注重人才的带头与领军作用，把人才的头衔层次作为衡量人才素质的要素，且激励政策偏向于高层次与紧缺人才，对博士以下人才少有支持政策，不利于人才的多样化发展与公平。

（四）人才协同管理难度大

受行政壁垒和区划调整影响，川渝两地在人才管理方式、政策上存在差异，缺乏统一的区域人才发展规划和政策衔接，人才计划、职称资格、技能等级等相互独立，缺乏统一的人才认定标准，尚未建立共享的人才信息数据库，阻碍了川渝两地人才流动，同时导致两地人才协同管理难度加大。

第六章　国内外主要城市群人才协同发展的经验借鉴

第一节　京津冀城市群人才协同发展的政策及主要经验

一、京津冀人才协同发展的政策演变

京津冀城市群又被称为"首都经济圈",作为中国最发达的城市群之一,2019 年京津冀地区总人口占全国总人口的 8%,地区生产总值占全国GDP 的 8.5%。京津冀城市群以北京、天津和河北省的保定、廊坊为核心功能城市,并包括了石家庄、唐山、邯郸、秦皇岛、张家口、承德、沧州、邢台、衡水、定州、辛集和河南安阳等城市。京津冀城市群位于东北亚环渤海心脏地带,是中国北方经济规模最大、最具活力的地区。

作为我们政治中心、文化中心、国际交往中心、科技创新中心,京津冀城市群在人才协同发展方面处于全国较为领先的地位。2005 年,京津冀城市群首次在廊坊市举行"人才开发一体化研讨会",京津冀三地政府正式签署《京津冀人才开发一体化合作协议书》。该协议旨在打破京津冀区域人才开发体制性障碍,最终实现区域内人才资源合理流动和充分共享。

根据该协议,京津冀三省市将在人才交流服务、高层次人才智力共享、紧缺人才培训、博士后工作、专业技术职务任职资格和国际职业资格互认、专业技术人员继续教育、公务员互派交流学习、引进国外智力、编制人才开发规划、人事争议仲裁十个方面率先开展合作。

2008 年,环渤海区域 37 个城市成立"环渤海区域人才协作联盟",共同打造人力资源开发新平台,为环渤海区域经济社会发展提供人才和智力支持。2011 年,京津冀区域人才合作推进工程启动仪式在廊坊燕郊举行,会上签署了《京津冀区域人才合作框架协议书》,该协议关于区域人才合作的重点内容包括:推进人才智力资源共享,建立三地人才供求信息交流渠道,开通京津冀网上人才市场,实现人才信息资源共享;建立高层次人才柔性流动机制,鼓励高层次人才利用工作之余到另两方从事科技攻关、项目合作等专业服务,开辟联合招收培养博士后绿色通道;实行专家与职称资格互认,开展劳动人事仲裁协作,互设人才工作站;建立相互包容的社会保障制度,三地企业职工基本养老保险关系转移接续等。同时,建立京津冀区域人才合作联席会议制度为三方合作的制度保证,每年举行一次正式会议;并针对某一领域、项目和特定问题,不定期举行非正式会议。2016 年,京津冀城市群以北京市通州区、天津市武清区和河北省廊坊市为人才一体化发展示范区,联合发布了《通武廊人才一体化发展示范区建设宣言》《通武廊区域人才互认标准》《通武廊区域人才挂职交流工作管理暂行办法》《通武廊区域创新平台共享共用目录》等文件,三地计划在人才引进互融互通、人才培养共育共培、人才评价互认互准、创新平台共建共享等方面进行深入合作,共同推动加快建成人才一体化发展示范区。2017

年2月，"京津冀教育协同发展工作推进会"在河北廊坊召开。会上发布了《京津冀教育协同发展"十三五"专项工作计划》，根据该计划，三地将重点推进教育领域非首都功能疏解合作、基础教育合作、教育人才队伍建设等10个重点项目。按照计划要求，京津冀三地已实施"一十百千万"工程，重点在基础教育、职业教育教学管理及师资队伍建设等相关领域，对河北省张家口、承德、保定三市及21个贫困县进行对口帮扶。

2017年7月，京津冀三地共同发布了《京津冀人才一体化发展规划（2017—2030年）》，该规划明确了以支撑京津冀协同发展战略实施为出发点，以人才一体化发展体制机制改革及政策联动创新为主线，以京津冀人才一体化发展重大任务、重点工程为抓手，大力推进人才一体化发展，打造京津冀协同发展新引擎的总体思路；并提出了到2030年，三地区域人才结构更加合理，人才资源市场统一规范，公共服务高效均衡，人才一体化发展模式成熟定型，人才国际竞争力大幅提升，基本建成"世界高端人才聚集区"的京津冀人才一体化发展的远期目标。《京津冀人才一体化发展规划（2017—2030年）》是我国首个跨区域的人才规划，也是首个服务国家重大战略的人才专项规划。

二、京津冀城市群人才协同发展的经验

京津冀城市群凭借雄厚的教育、科技和人才实力，在人才协同发展方面能够先行布局、先行试点，走在了全国各大主要城市群的前列，形成了很多可供其他城市和城市群借鉴的经验。

（一）政府主导，常态化的人才交流合作机制

第一，构建了政府主导的人才协同发展机制。作为一项重大的国家战

略，实现区域人才协同乃至一体化发展，政府角色的准确定位以及引导作用的有效发挥尤为关键。在京津冀区域人才一体化发展中，政府的主导作用贯穿了京津冀人才协同和合作的全过程。在政府主导的合作机制下，京津冀区域人才交流机制在交流范围、交流内容、交流形式等多方面得到全面的推进和实施。人才交流范围主要包括了政府机构、企事业单位和民间组织等多方成员；人才交流形式主要包括政府机构之间的挂职锻炼、教育机构之间的学术交流访问、创业园之间的研讨交流活动和参观考察等；人才交流内容主要包括城市群在经济、交通、生态环境、文化、人才、科技等诸多领域的区域协同发展和合作。可见，全方位的人才交流与合作为京津冀城市群的人才协同发展贡献了力量。

第二，以联席会议制度为主的常态化人才合作协调机制不断加强。为加强对城市群人才协同发展的整体协调，在合作之初京津冀城市群便构建了以联席会议制度为主的区域人才合作协调机制。上述协调机制的主要形式是联席会议制，具体通过三省市的人才工作领导小组定期召开人才合作方面的联席会议，共同探讨京津冀城市群人才一体化发展规划，并就三省市在人才协同中的重大问题进行决策，同时组织实施与督促落实重大的人才协同项目。京津冀人才合作联席会议制度从2005年开始，人才合作联席会议的机构组成、目标任务、工作性质等经过多年的发展已日臻完善，有效地保证了京津冀地区人才交流合作的常态化，联席会议签订并发布了一系列对京津冀城市群乃至全国其他地区具有广泛影响的人才交流合作的共识性文件①（邸晓星和徐中，2016），为城市群开展实质性合作提供了稳定的制度保障。

（二）多主体协作，多元化人才共享机制

京津冀城市群在人才协同发展过程中，充分发挥了"市场主导、政府放权、企业主体"的多元化机制在人才协同与合作中的优势，使得政府、市场、企业三者之间实现同向同行、互利共赢，有效地推动了京津冀地区的人才协同向更加有序和高效的方向行进。近年来，京津冀城市群通过联合开展人才招聘会、人才工作站和政校企人才联合培养等多个途径，打造了多元化的人才引进、培养和共享机制。例如，2014年京津冀三省市联合开展了"第三届环首都绿色经济圈招才引智大会暨京津冀区域人才交流洽谈会"；天津港保税区、天津空港经济区与河北大学共同签署《区校企合作共建协议书》，双方探索引校进厂、引厂进校等多种合作模式，建立两地政校企常态化的人才合作交流机制。

在构建多元化的人才引培共享机制的基础上，京津冀城市群还非常重视人才平台配套服务的完善。近年来，京津冀三省市不断加强教育、医疗和户籍等人才公共服务领域的改革，积极完善人才使用制度，大力支持社会力量参与人才服务，形成了所谓"大树底下好乘凉、梧桐树上凤自来"的人才发展局面②。

（三）明确城市定位，差别化的人才协同发展机制

由于京津冀城市群在经济实力和政治定位等方面并不完全对等，因此

---

① 邸晓星，徐中. 京津冀区域人才协同发展机制研究［J］. 天津师范大学学报（社会科学版），2016（1）：37-40，45.

② 金丽赞. 从京津冀实践看浙江如何推动长三角人才协同发展［J］. 政策瞭望，2019（2）：36-37.

在区域协同发展过程中，区域内各地区首先要明确自身的发展定位。在人才协同发展方面也是如此，京津冀城市群在人才、科技和教育资源等方面也存在明显差异，因此，京津冀城市群在人才协同发展中首先实现了差别化的城市定位，同时也兼顾了地区之间的人才协同和帮扶机制。

第一，明确各城市在区域人才发展中的定位。作为京津冀城市群的核心城市，北京凭借其在全国政治、文化、国际交往和科技创新中的中心地位，集聚了一批不同领域、不同层次的精英人才。为了适应丰富的人才需求，北京的人才政策体系十分完备，相应的人才政策也非常明确和细化，在京津冀城市群的人才协同发展中起到了带头和引领作用。天津围绕建设全国先进制造研发基地着力集聚一批高水平现代制造研发人才。天津虽然经济总量不及河北和北京，但拥有仅次于北京的人才资源。天津在经济发展中始终把"人才资源是第一资源，人才战略是第一战略"作为城市发展的核心理念①，在不断加大人才政策扶持力度的同时向注重人才服务方面转变。与北京和河北两地相比，天津的人才政策具有鲜明的服务地方特色，同时，也具有人才政策开放、对创新创业关注度高的特点。与北京和天津这两个直辖市相比，河北省作为京津冀城市群的发展腹地，在人才资源方面与京津两市存在差距，因此在人才协同发展方面，河北省的主要角色是在大力培养自身建设需要的高素质创新人才基础上，积极承接京津地区的人才和创新成果的转移，是北京和天津两市人才协同发展的"大后方"。

---

① 赵庚，刘兵. 京津冀科技人才比较研究：从扶持走向服务 [J]. 人民论坛，2016 (11)：232-234.

第二，高层次人才和基础人才发展协调兼顾。一方面，京津冀人才协同发展注重高层次人才在地区间的共享。2011 年，三省市签订了《京津冀区域人才合作框架协议书》，根据该协议的要求，加强高层次人才资源领域的合作和共享成为京津冀城市群人才协同发展的重要内容。为了落实和贯彻在高层次人才领域的合作和共享，京津冀城市群开展了高层次人才信息库建设，加强博士后管理部门之间的定期联系，同时建立了两院院士等高层次人才柔性引进和流动制度、引智工作信息互通与成果推介机制等诸多合作和共享机制。另一方面，京津冀城市群注重城市群基础人才协同发展，加强对人才资源相对匮乏地区的对口支援。近年来，京津冀城市群着力加强三地基础人才方面的协同发展，加强对相对落后地区的人才帮扶工作。2021 年，由三省市教育主管部门参与的京津冀教育协同发展工作推进会在雄安新区召开，会议在总结"十三五"京津冀人才协同发展的经验基础上，共同签署了《"十四五"时期京津冀教育协同发展总体框架协议（2021—2025 年）》。按照该会议和协议的要求，北京和天津两市将继续采取合作办学、教育集团、学校联盟、结对帮扶、开办分校等多种方式，在基础教育、职业教育及师资队伍建设等多个领域，对河北省教育和人才资源较为落后的地区进行支援和帮扶。

第二节　粤港澳大湾区人才协同发展的政策及主要经验

一、粤港澳大湾区人才协同发展政策演变

粤港澳大湾区以香港特别行政区、澳门特别行政区、广州市、深圳市四大中心城市作为区域发展的核心引擎，由香港、澳门两个特别行政区和

广东省广州、深圳、珠海、佛山、惠州、东莞、中山、江门、肇庆九个珠三角城市共同组成，其总人口占全国人口的比重约为 5%，地区生产总值占全国 GDP 的比重约为 11%，是中国开放程度最高、经济活力最强的城市群之一，在我国重大区域发展战略中居于重要的战略地位。从最初的探索珠三角区域合作新模式，到提出大珠三角和泛珠三角战略、珠江—西江经济带等发展战略，一直到 2008 年粤港澳大湾区概念的正式提出，在中央和地方政府的推动下，粤港澳大湾区的区域协同发展进一步加速。党的十九大报告明确指出，"以粤港澳大湾区建设、粤港澳合作、泛珠三角区域合作等为重点，全面推进内地同香港、澳门互利合作"，这标志着粤港澳大湾区的协同发展从区域经济方面的协同合作层面，上升到全方位对外开放的国家重大区域发展战略层面。2019 年 2 月，中共中央、国务院正式印发《粤港澳大湾区发展规划纲要》，根据该规划纲要，粤港澳大湾区未来的建设目标是要打造充满活力的世界级城市群、国际科技创新中心、内地与港澳深度合作示范区，同时也是宜居、宜业、宜游的优质生活圈，成为中国经济高质量发展的示范区。

在粤港澳大湾区人才协同和合作发展方面，从 2008 年广东省发布的《中共广东省委、广东省人民政府关于加快吸引培养高层次人才的意见》（粤发〔2008〕15 号）开始，广东省开始了一轮引进和培养高层次人才的高潮，提出了多方面的人才发展新举措，形成了良好的引才用才整体氛围。2009 年开始，广东省先后启动实施了"珠江人才计划""扬帆计划""广东特支计划"等特色人才工程，在引进和培养精英人才、促进粤港澳三地人才交流合作、实施创新驱动发展战略等方面取得了重大突破，为粤港澳大湾区人才协同发展奠定了良好的制度基础。

2012年，经中央人才工作协调小组同意，"广州南沙—深圳前海—珠海横琴粤港澳人才合作示范区"正式成为"全国人才管理改革试验区"。同时，粤港澳地区在"一国两制"的基本框架下，积极探索支持粤港澳人才合作示范区发展的特殊政策和灵活措施，为国际化人才的协同发展和合作打造了良好的制度环境。2016年5月，《关于促进中国（广东）自由贸易试验区人才发展的意见》从体制机制创新、发展创业支持、综合服务三方面提出了20条促进自贸区人才发展的政策措施，其中包含不少为便利高端人才和创新要素流动而推出的创新性政策举措。2017年，广东省出台《关于广东省深化人才发展体制机制改革的实施意见》，进一步从深化人才管理体制改革，改进人才培养支持机制、健全引才用才机制、强化人才评价激励保障机制、完善人才流动机制五大方面，深化广东省人才发展体制机制改革。

2017年7月，粤港澳青年代表在广州共同签署《粤港澳大湾区青年行动框架协议》（简称《协议》）。该协议由粤港澳三地的青年联合会发起，其主旨是有效引领粤港澳青年深度参与粤港澳大湾区建设，在粤港澳合作中"激发青年活力、凝聚青年智慧、实现青年梦想"。[①]《协议》提出，粤港澳青年团体要在深化粤港澳青少年交流、搭建青少年成长平台、鼓励青年创新创业、积极投身大湾区建设、推动国际交流与合作等重点领域团结协作，创新粤港澳青年互利共赢合作机制，为将粤港澳大湾区打造成国际

---

① 沈钊. 《粤港澳大湾区青年行动框架协议》在广州签订[EB/OL].(2017-07-24)[2023-08-10].http://hm.people.com.cn/GB/n1/2017/0724/c42272-29424898.html.

一流湾区和世界级城市群培养青年人才，贡献青年力量。2017 年 12 月，广东省委组织部等十二个部门联合印发《关于粤港澳人才合作示范区人才管理改革的若干政策》，提出 8 条便利措施，积极探索粤港澳大湾区人才发展体制机制改革。2019 年 3 月，人力资源和社会保障部与广东省政府签署《深化人力资源社会保障合作　推进粤港澳大湾区建设战略合作协议》，根据合作协议，人力资源和社会保障部和广东省政府将共同推动人力资源流动、就业创业、人才社会保障、劳动维权机制和公共服务能力建设等人才发展重点领域和关键环节的深化改革，为粤港澳大湾区建设提供强大的人力资源保障支持。2023 年 1 月，《粤港澳人才协同发展合作伙伴框架协议》签订仪式暨"粤港澳人才协作办公室"揭牌仪式在广州南沙国际人才港举办，该协议提出了互设人才协作办公室、人才政策宣传解读项目、国际青年人才访学实习项目、合作开展人才协同发展专题研究、举办粤港澳人才交流活动、大湾区三地人才培训班及联合进修培训项目、大湾区联合招才引智项目、推动粤港、粤澳人才评价标准衔接、共建粤港澳人才协同专家咨询委员会等第一批共 9 个人才合作项目。

二、粤港澳大湾区人才协同发展经验

自 2012 年"广州南沙—深圳前海—珠海横琴粤港澳人才合作示范区"被列为"全国人才管理改革试验区"以来，粤港澳大湾区凭借其雄厚的经济实力、得天独厚的地理位置等，在粤港澳人才合作示范区已初步打造出"开放程度高、聚集能力强、体制机制活的"人才试验区①，尤其是在高层

_____

① 陈杰，刘佐菁，苏榕. 粤港澳大湾区人才协同发展机制研究：基于粤港澳人才合作示范区的经验推广［J］. 科技管理研究，2019，39（4）：114-120.

次国际化人才的协同发展方面，粤港澳大湾区为全国其他城市群的人才发展提供了可供借鉴的思路。

（一）完善的人才服务与生活保障

近年来，粤港澳人才合作示范区通过提供人才住房保障、完善人才公共服务体系等措施，构建了完善的人才服务和生活保障体系。一方面，完善人才住房保障政策。粤港澳人才合作示范区通过配建和采购等多种方式多渠道建设人才住房和人才公寓，引进港澳地区物业管理模式和服务，为人才提供安居保障；同时，根据各类人才的不同居住需求，打造国际人才社区、青年人才社区和青年创业社区等特色化人才居住环境，为国际人才和青年创业人才提供了完善的住房保障条件。另一方面，完善人才基本公共服务。为了完善示范区人才公共服务条件，粤港澳大湾区从教育、医疗和通信服务入手，建立了完善的人才公共服务体系。例如，在通信服务方面，深圳前海合作区推出了由深港两地通信运营商合作发行的"前海卡"，实现了深圳前海与香港通信资费同城化，极大地降低了跨境人才的通信成本；在教育和医疗服务方面，粤港澳大湾区在横琴粤澳深度合作区采取了"公办民管"办学模式，高标准建设横琴小学、幼儿园，为人才的子女提供了高质量的教育服务。广州南沙合作示范区推出了高端人才卡服务，持卡人员可享受健康医疗、子女教育、住房保障等 12 个领域的优质人才服务。

（二）创新的人才激励政策

粤港澳大湾区充分利用人才合作示范区的政策优势，通过采取具有创新型的税收优惠、人才奖励和资金扶持政策，大大提升了人才合作区对高素质人才的吸引力。在税收收入优惠政策方面，粤港澳人才合作示范区从2013年就开始在深圳前海合作区试行"双15%"的税收优惠政策，先后出台了前海境外高端人才和紧缺人才认定办法、个人所得税补贴办法，对高端人才缴纳个税超过15%的部分由市财政给予补贴。同时，粤港澳人才合作示范区在横琴合作区推出了"港人港税、澳人澳税"的差异化税收优惠政策，赴横琴合作区就业并取得收入的港澳地区人才可以享受与其在香港和澳门相同的个人所得税；对于大陆地区与港澳地区的个税差额，粤港澳人才合作示范区给予全额财政补贴，有效降低了人才赴粤工作的税收成本。在人才奖励政策方面，粤港澳人才合作区编制了人才开发目录，对于在目录中的人才实行"特殊人才奖励"办法，以企业市场化薪酬为标准，给予个人所得最高40%的人才奖励。在人才扶持政策方面，粤港澳人才合作区推行了"双聚工程"产业人才扶持政策，由中央财政和地方财政共同出资，设立现代服务业综合试点扶持资金，采取股权投资、贷款贴息等方式，对每个符合要求的项目最高可给予5 000万元的资助，并通过落户资助、人才引进、办公场地、住房补贴等形式，鼓励企业总部落户。

（三）坚实的人才工作平台

充分发挥经济、科技和教育资源优势，打造一系列实力雄厚的人才工作平台也是粤港澳人才合作示范区能够保持对高端人才吸引力的一个重要原因。近年来，粤港澳人才合作示范区大力推进了地区重点科技创新平台建设，先后建成了广州中国科学院工业技术研究院、香港科大霍英东研究院等多家新型研发机构，打造了海外现代服务业人才离岸创新创业基地、前海离岸创新创业人才（香港）联络站等创新创业平台和深港博士后交流驿站、广东院士团队创新创业前海驿站等博士后院士人才交流合作平台。同时，粤港澳人才合作示范区也加强了科技成果转化平台建设：一方面，积极推进国际科技创新中心建设，以促进港澳科技人才优势与内地资源土地优势深度对接；另一方面，在前海合作区打造了"深港青年梦工场""深港创新中心""深港基金小镇"和"深港文创小镇"等一批深港合作的特色化平台。

（四）良好的人才流动和工作环境

近年来，粤港澳大湾区人才合作示范区通过优化人才出入境管理、降低港澳专业人才执业门槛、优化营商环境等措施，为人才跨境流动创造了良好的条件，有力地改善了人才在合作区的工作环境。一是优化人才出入境管理。粤港澳人才合作示范区对人才出入境管理进行了全面的优化，在人才申请中华人民共和国外国人永久居留身份证、延长居留期限、办理人才签证、聘雇外籍家政服务人员等方面为人才提供了诸多便利；同时，对高端人才放宽签证条件，打造便捷的人才通关环境，新建自助通关通道，扩大自助通关人员范围，全面提升了出入境便利水平。二是降低港澳专业人才执业门槛。粤港澳人才合作区先后制定香港会计师、注册税务师、社工、物业管理师、调解员、仲裁员等专业人才执业的办法措施，通过资格认可、考试互免、合伙联营、港资工程项目试点等特殊机制安排，降低港澳专业人才执业门槛。三是加强治理，优化整体营商环境。近年来，为了给人才提供良好和法治化的工作环境，粤港澳人才合作示范区加强廉政建设，大力优化营商环境，积极营造廉洁从政、公正司法、严格执法的良好法治环境，先后成立了前海合作区法院、深圳国际仲裁院、前海廉政监督局、前海蛇口自贸区检察院、前海蛇口自贸区综合行政执法局、中国港澳台和外国法律查明研究中心、港澳台和外国法律查明研究基地、粤港澳商事调解联盟等机构，有力优化和提升了人才合作示范区的治理环境和国际化商事争议的处理能力。

第三节　长三角地区人才协同发展的政策及主要经验

一、长三角地区人才政策演变

长江三角洲地区（简称"长三角"）包括上海市、江苏省、浙江省、安徽省四个省级行政区共 41 个城市，区域面积 35.8 万平方千米。截至 2019 年年末，长三角地区常住人口 2.27 亿人，占全国总人口的 16.1%，地区生产总值达到 29.03 万亿元。长三角城市群的占地面积不足全国国土面积的 4%，却创造出了接近全国 1/4 的国内生产总值，1/3 的进出口总额、外商直接投资和对外投资①，自古以来都是中国经济最为富庶、开放程度最高的区域之一，在我国区域发展中具有举足轻重的战略地位。

早在 2003 年 4 月，上海、江苏、浙江三地就联合发布《长江三角洲人才开发一体化共同宣言》，确立了打造长三角地区人才发展新机制，促进人才自由流动的目标，长三角城市群人才协同发展正式拉开帷幕。2018 年，长三角地区主要领导座谈会审议通过《长三角地区一体化发展三年行动计划（2018—2020）年》和《长三角地区合作近期工作要点》，提出加强长三角地区人力资源协作，推进人力资源信息共享和服务政策有机对接，探索建立面向高层次人才的区域协同管理机制。2018 年 3 月，长三角

---

① 石畅.长三角一体化的新使命［N］.人民日报海外版，2020-08-24（1）.

地区四地人社部门共同发布《三省一市人才服务战略合作框架协议》，提出"到 2030 年，长三角地区基本形成高效共商、联动共创、开放共享、协作共赢的人才一体化发展体制机制，基本形成具有全球竞争力的人才一体化发展制度体系，基本建成具有全球影响力的国际人才新高地"。2019年 9 月，长三角三省一市联合举办"长三角产业人才协同发展研讨会"，共同发布了《长三角区域产业人才协同发展倡议书》，并签署三省一市产业人才合作培养协议，主要涉及建立长三角区域产业人才工作协作机制，促进长三角区域产业人才交流合作和联合开展长三角区域产业人才培养等三个方面。2019 年 11 月，上海市、杭州市、南京市、合肥市、宁波市等十个城市共同签署《长三角"十市一区"新一轮人才合作框架协议》，该协议不仅扩大了各城市人才协作的范围，由原先个别地区点对点合作逐步转变为十市人才的"圈式互动"，更将合作内容延伸至人才引进、人才培养、人才使用和人才服务等多个方面。根据该协议，"十市一区"将充分发挥各地资源优势，聚焦"人才项目对接、人才引育共推、人才服务共享、人才平台共建、人才权益共维"等几大人才发展的重点领域，通过开展多渠道、多层次、多形式、多方位的发展合作与交流，着力搭建和优化统一开放、高效共享、和谐发展的人才合作平台。2019 年 12 月，中共中央和国务院正式印发《长江三角洲区域一体化发展规划纲要》，其中明确提出了"促进人才流动和科研资源共享，建立一体化人才保障服务标准，实行人才评价标准互认制度，允许地方高校按照国家有关规定自主开展人才引进和职称评定"等人才发展政策，为长三角人才协同发展创造了新的契机。

二、长三角地区人才政策的特点

(一) 不断深化的人才政策理念

进入 21 世纪以来，长三角地区在人才一体化发展方面循序渐进、步步为营，取得了良好的成效。其人才政策理念也经历了从"突出引进高层次人才"，到"培育高素质人才队伍"，再到"推动人才结构战略性调整"，直到"激发人才创新活力"的变化，其人才政策理念呈现出清晰的脉络变化。"十一五"规划时期，长三角城市群的人才发展政策特点是注重引进高层次人才，实施了"领军人才开发计划""海外高层次人才集聚工程"等一系列以引进高层次人才为主要目标的人才引进政策。"十二五"规划时期，长三角地区加强了对人才培养的重视，出台了一系列人才培养政策措施，制定了多项专业技术人才素质提升实施方案和高素质教育人才队伍培养计划。"十三五"规划时期，长三角城市群根据习近平总书记系列重要讲话精神和"十三五"规划要求，将人才政策的重点转变为调整优化人才结构，加强对各类专业人才的培养。2021 年，《长三角一体化发展规划"十四五"实施方案》将"激发人才创新活力"放在了长三角人才发展最为优先的位置上，从引进高层次人才到培养高素质人才，从调整人才结构到激发人才创新活力，这标志着长三角人才政策理念的进一步深化。

(二) 健全的人才管理机制

在人才引进、人才使用、人才评价和人才服务等方面，长三角地区也建立了一套覆盖"引育—使用—评价"的全面而健全的人才管理机制①

---

① 苏立宁，廖求宁."长三角"经济区地方政府人才政策：差异与共性：基于 2006—2017 年的政策文本 [J]. 华东经济管理，2019, 33 (7)：27-33.

（苏立宁和廖求宁，2019）。在人才引育和使用方面，长三角地区三省一市的人才管理政策始终坚持"以用为本"的用人原则，以市场化手段为主体，充分发挥企业、高校和科研机构等主要用人单位的主体作用，并为相关人才提供相对优越的支持条件，大力鼓励和扶持人才创新创业。在人才选拔和使用方面，长三角地区不断健全优化人才选拔任用机制，以提高人才选用公信度为目标，采取了公开选拔和竞争上岗等多种方式提高人才使用效率。在人才激励和扶持方面，长三角地区三省一市均推出了物质奖励和荣誉表彰相结合的人才奖励和扶持办法，对有突出贡献的创新创业人才给予优厚的物质奖励，也设立了一系列人才荣誉称号作为对人才贡献的荣誉表彰。在人才评价方面，长三角地区对人才的考评注重岗位考核和业绩评估，针对专业技术人才，也出台了相关的技能人才自主评价办法。在人才服务和保障方面，长三角地区的人才保障政策也较为完善，覆盖了人才户籍服务、医疗服务、子女教育保障、住房保障、知识产权、退休补贴等诸多方面。

（三）全面的人才协同发展机制

近年来，在中共中央、国务院的高度重视和三省一市的协同配合下，以长三角地区一体化发展战略为坚实基础，三省一市制定和完善了一系列人才协同发展政策框架，长三角人才协同发展进入了快速发展阶段。第一，长三角地区探索建立了一体化的人才服务标准，在地区间实行人才评价标准互认制度，积极制定覆盖长三角地区全域的人才全面创新改革试验方案。第二，长三角地区三省一市探索制定了相对统一的人才流动、吸引、创业等政策，建立了开放统一的人力资源市场，以整合人力资源和岗位信息，构建公平竞争的人才协同发展环境。第四，长三角地区协同优化人才管理政策，推动并建立了长三角人才柔性流动机制，放宽了户籍等相关管理政策，促进了人才在长三角地区的自由流动和合理配置。第五，长三角依托丰富的教育资源，大力推动地区间教育资源共享，在高等教育领域，探索建立跨区域联合实验室，推动高校、研究院所跨区域展开学术合作；在职业教育领域，打造长三角职业教育一体化发展联盟等一系列职业教育一体化发展平台，推动长三角职业高校师资合作，加强师资队伍建设和产学研协同发展；在基础教育方面，积极拓展和创新教育一体化发展合作方式和技术手段，通过远程互动教学平台和远程互动教研平台推动长三角地区基础教育领域资源共享和教研合作。

第四节 三大城市群人才协同发展经验总结及比较

一、成渝城市群与三大城市群人才政策的比较

（一）成渝地区与三大城市群人才培育与引进政策比较

与京津冀、粤港澳、长三角地区的人才培育与引进政策相比较，成渝地区在引才育才政策等方面与上述三大城市群还存在一定的差异。

从引才的政策目标来看，京津冀的发展目标是打造"世界高端人才聚集地"，打造区域人才一体化发展共同体；粤港澳大湾区的发展目标是建设粤港澳人才合作示范区；长三角的发展目标是长三角人才一体化发展。成渝地区的发展目标是努力将成渝地区双城经济圈建成具有全球竞争力的高端人才集聚区、产才融合发展示范区、青年人才荟萃区和体制机制改革先行区。

从引才的政策对象来看，京津冀、粤港澳、长三角地区更注重科研人员的引进，也更加注重引进海外人才资源，加强国际化资源的建设和培养，加强引进外籍高层次人才。如京津冀地区推出搭建海外人才引进信息化公共服务平台，联合建设全球专家数据库等，长三角地区完善国际人才引进政策以及粤港澳大湾区建立紧缺人才清单制度，强调高层次人才的引进，而成渝地区双城经济圈则注重打造人才集聚中心和人才高地。

从引才的政策设计看，京津冀、粤港澳、长三角地区注重以完善的引才政策以及综合性服务平台来吸引高层次人才以及海外国际人才资源，而成渝地区双城经济圈多以奖励补贴、安家补贴费、提供住房以及免税补贴等多种政策吸引国际顶尖人才、国家级人才等多类人才资源。

从政策中引才强度看，京津冀、粤港澳大湾区、长三角三个地区给予的国际顶尖人才、国家级人才、省市级人才和青年人才以及技能人才的安家补贴以及薪酬补贴等多类补助和福利明显高于成渝地区双城经济圈的相应政策福利。

（二）成渝地区与三大城市群人才使用与流动政策比较

成渝地区与三大城市群及其他地区在人才流动和使用方面有很多相同的思路，例如地区间建立互通互认的人才评价体系，打造高层次人才信息数据库，共同搭建协同发展载体等。但是在人才使用与流动政策的很多方面，不同地区有不同的做法和实施策略。

从人才平台的构建来看，国内发达城市群均构建了较为完善的人才平台，例如京津冀城市群的人才集聚工程、冬奥人才发展工程、沿海临港产业人才集聚工程等；长三角城市群打造了浙江长三角人才大厦、浙江长三角高层次人才创新园和嘉善长三角人才创新园、张江长三角科技城平湖人才创新园在内的"一楼三园"人才平台体系。而成渝地区双城经济圈地区的人才平台主要侧重于人工智能和大健康两个重点领域。

从人才服务方面的政策来看，三大城市群在吸引和服务国内外高层次人才方面，制定了较为系统和细致的政策，例如长三角地区共认外国高端人才工作许可、设置外国人工作居留"单一窗口"。与三大城市群相比，由于地处内陆，成渝地区双城经济圈的人才服务政策更为偏重国内高层次人才的引进，对国际高层次人才服务方面的政策与三大城市群还存在一定差距。

从人才政策的整体设计来看，国内发达城市群均构建了较为系统的人才政策体系，例如京津冀城市群在规划中明确将北京打造成创新型人才聚集中心，形成京津冀原始创新人才发展极，将天津打造成产业创新人才聚集中心，形成京津冀高端制造人才发展极，发挥雄安新区创新发展示范作用和石家庄承接转化带动作用，形成京津冀创新转化人才发展极。而成渝地区双城经济圈在相关的人才政策方面整体性还不够强，还没有形成较为完善的体系。

（三）成渝地区与三大城市群人才服务与权益保障政策比较

近年来，成渝地区双城经济圈着力优化人才公共服务，围绕各类人才的差异化需求，实施了一系列人才服务政策。经过成渝两地的协同和合作，成渝地区双城经济圈人才服务政策体系已逐步建立和完善，并且在人才公共服务供给水平和供给质量方面也取得了显著的成效。然而，成渝地区双城经济圈与国内三大发达城市群相比，在一些方面依然存在短板。

在人才激励政策方面，与国内发达城市群相比，成渝地区双城经济圈人才激励措施的特色不足，人才激励力度也相对偏弱，这使得成渝地区在与其他地区的引才竞争中并不占明显优势。以创新创业人才的激励力度为例，表 6-1 梳理了发达地区对创新创业人才的货币激励政策情况。我们从表 6-1 可以看出北京对创新创业个人的激励力度最大，广东对创新创业团队激励力度最大，上海除了对入选国家级的人才给予有区别的物质奖励外，还实施了非货币激励，对满足条件的创业创新人才进行积分奖励、申办常住户口缩短社会保险累计年限或直接落户的奖励。上述地区对创新创业人才的货币激励力度均大于成渝地区。

表 6-1　东部沿海发达省份关于双创人才货币激励力度

省份	主要激励政策	出处
北京	领军人才：每人 100 万的一次性奖励； 青年人才：每人 50 万的一次性奖励； 高精尖产业中符合条件的创新创业人才和团队，还分别给予最高 200 万元、1 000 万元的一次性奖励	《北京市高层次创新创业人才支持计划》；《关于优化人才服务促进科技创新推动高精尖产业发展的若干措施》
上海	最高 100 万元资助以及 50 万元安家补贴	《关于进一步吸引与鼓励海外高层次人才创新创业的实施办法》
广东	科技创新创业领军人才：80 万元生活补贴； 科技创新青年拔尖人才：120 万元生活补贴； 本土创新创业团队：最高不超过 1 亿元资助，首期拨付 60%，中期考核合格后拨付 40%	《广东省培养高层次人才特殊支持计划》
江苏	根据双创人才或团队演示、答辩进行评分后给予 50 万～500 万不等的资助	《江苏省高层次创业创新人才培育计划实施办法》

表6-1（续）

省份	主要激励政策	出处
浙江	最高每人可获得 100 万元的特殊支持 领军型创新创业团队：不低于 100 万元研发支持	《浙江省高层次人才特殊支持计划》；《浙江省领军型创新创业团队引进培育计划实施细则》

从人才服务政策方面来说，成渝地区在人才服务中注重人才的跟踪、联系、办事程序，完善人才服务功能，对高层次人才实行"人才服务证"制度，提供包含科技服务、职称评审、户籍服务、居留签证服务、配偶子女就业服务、子女入托（学）服务、医疗服务等在内的 9 项便利服务，较好地满足了人才工作生活的基本需要。这些方面的措施与国内发达地区的人才服务功能大体相当，但是相对来说还不够细致全面。例如，北京的人才工作居住证相比重庆增加了购租房屋、车牌指标摇号等项目；广东的"优粤卡"还增加了人才的社会保险、金融和交通方面的服务；上海的"一网通办"服务平台优化了人才网上办事的流程，实现了人才服务的无证化管理；浙江设立的"人才飞地"服务，推动了其人才服务向省外开放，其人才服务平台以及"人才服务银行2.0版"在实现各类事项一网通办的基础上增强了对人才的流动性服务。

此外，在对人才成长环境的优化方面，与国内三大城市群相比，成渝地区对人才成长环境和精神需求等方面的服务还有所欠缺，需要向发达地区学习借鉴。

（四）成渝地区与三大城市群人才管理政策比较

近年来，京津冀、长三角和粤港澳地区打破户籍、地域、身份、学历等方面的制约，在人才职称评定和打破人才晋升及流动障碍方面采取了多项措施。例如，北京为自由职业人才开通了职称申报渠道，基层人才可单独评审、优先评聘，推动外籍人才资质互认，全方位畅通了各类人才晋升通道；江苏通过建立博士后职称评审"绿色通道"、提高高级职称中青年人才比例来优化专业技术人才年龄梯次结构；广州和上海等城市设立了海外高层次留学人才回国"直通车"，可以比照国内同类人员直接申报高级职称。在职称管理服务方面，深圳给予用人单位更大的自主评价权，下放正高级职称评审权，向符合条件的地级市、县（市、区）分别依法下放副高级、中级职称评审权，同时创立了"举荐制"人才扶持方式，并组建了深圳青年英才举荐委员会，以选才荐才。在人才协同管理方面，北京、天津、河北三地大力推进"京津冀人才一体化发展工程"，江浙沪皖四地推动"长三角人才一体化发展城市联盟"，广东与港澳两地构建"粤港澳人才合作示范区"，均是依托人才的互认共享，实现政策互通、平台共建、智力共用，促进人力资源的有效流动和优化配置。近年来，成渝地区实施了"科技特派员选派计划""万名专家服务基层行动计划"等计划，有力推动人才在区域内的流动，也加强了人才资源向农村地区的流动，但是与三大发达城市群相比较，在跨越省际的人才资源共享和流动方面，成渝地区双城经济圈还有不足，在人才职称评定政策方面，成渝地区向基层一线人才、留学归国人才、博士后研究人员的倾斜依然相对较少。

二、三大城市群人才发展的经验与成渝地区双城经济圈的比较优势

梳理京津冀、长三角和粤港澳大湾区三大城市群人才协同发展政策并总结三个城市群的人才发展特色和经验，我们可以看出：京津冀城市群在人才一体化方面先行规划、先行布局、先行试点，率先推出了《京津冀人

才一体化发展规划（2017—2030 年）》，以该规划为指导，明确了打造"世界高端人才聚集区"的发展目标，并构建了"一体""三极""六区""多城"的总体布局，在人才引进、人才帮扶、人才协作等方面的政策对成渝地区双城经济圈人才协同发展具有较好的借鉴意义；粤港澳大湾区以粤港澳人才合作示范区为依托，充分发挥人才税收等政策优惠，在高水平人才培养和国际化人才协同发展方面具有较为明显的特色；长三角城市群以市场为主导，以产业发展为基础，提出了长三角地区人才一体化发展的建设目标，近年来在长三角一体化战略的引领下，在人才引进、培育、使用、评价等多个方面快速推进。这些城市群的发展均为成渝地区双城经济圈在人才协同发展方面提供了很好的示范和借鉴。

然而，三大城市群在进一步推进和实现人才协同发展方面也存在一些挑战。整体而言，京津冀人才一体化发展很大程度上是政府主导，未来人才一体化的发展还需要调动市场和产业力量的参与，由于北京与其他地区在经济发展、社会发展等多个方面存在的差距，市场力量的参与还较为有限。长三角城市群产业和人才基础雄厚，人才合作是市场主导，以城市间互联互动打通市场瓶颈，以科创走廊布局人才发展工程。其协作主要体现在信息互通、职业资格互认、人才培训资源共享等方面，但是缺乏政府层面对人才发展的总体布局。虽然最近几年在长三角一体化战略的引领下，其在多个方面有快速的发展，但在人才协同中依然存在部分政策阻隔。粤港澳大湾区在中央相关部委的支持下，探索推进"一国两制"下的人才协同发展，打破人才流动制度性障碍，用财税政策引导人才有序流动。但是由于长期以来各地区在制度、文化、法律、观念等多个方面的较大差异，其要实现全面的人才协同发展依然面临着重重障碍。

与现有的三大城市群相比较，重庆和成都经济社会发展水平较为接近，在文化习俗上也具有高度的相似性，同时与粤港澳地区相比，重庆市脱离四川省成为直辖市的时间并不长，政策制度等方面的障碍也较容易通过政府之间的合作来弥合，可见，成渝城市群具备着从更高层次、更宽角度、更深程度来推进人才协调发展的基础，这是成渝地区在人才协同发展方面的重要优势。

第五节　国外发达地区人才协同发展的经验借鉴

从 20 世纪开始，随着全球化和区域经济一体化进程的加速推进，不少国家和地区开始尝试通过加强区域之间或国与国之间的高等教育合作来推动彼此之间的经济一体化，以高等教育一体化作为推动和实现区域协同发展的重要举措。在上述一系列相关举措的推动下，发达国家逐渐形成了两种最为典型的区域高等教育一体化发展模式：一种是基于一个国家或地区内部的区域高等教育一体化，这方面最为典型的案例有美国州际高等教育协定和加州公立高等教育系统（彭红玉和张应强，2012）[1]；另一种是跨越国界的高等教育协同和合作，是基于国家之间的高等教育一体化，当前最具有代表性的案例是欧洲地区以"博洛尼亚进程"为推动力的欧洲高等教

---

① 彭红玉，张应强. 美国州际高等教育协调与合作机制及其启示 [J]. 高等教育研究，2012，33（4）：99-104.

育一体化进程①②（谌晓芹，2012；刘爱玲和褚欣维，2019）。下面我们主要以美国加州公立高等教育系统和美国州际高等教育协定为代表的美国区域高等教育协同发展模式和以"博洛尼亚进程"推动的欧洲高等教育一体化模式为案例，简要介绍国外发达地区人才协同发展的经验。

一、美国区域高等教育协同发展的典型案例

（一）加州公立高等教育系统

位于美国西太平洋沿岸的加利福尼亚州（State of California，简称"加州"）不仅是美国人口最多的州，也是美国经济总量最大的州，如果将加州看作一个独立的经济体，那么加州的经济总量可以超越世界第五大经济体英国。由于加州在人口和经济规模方面的优势，同时在高等教育方面也积极进取、锐意创新，因此加州在美国区域高等教育发展方面也被视为最具有典型性的区域之一③（谭颖芳，2014）。加州之所以能够成为美国高等教育的典型地区，不仅在于加州有美国规模最为庞大的公立高校注册学生，更重要的是加州创建和形成了一套堪称美国区域高等教育合作典范的加州公立高等教育系统。加州公立高等教育系统开端于 20 世纪初。当时加州建立起美国第一个服务全州的公立初级学院系统，随后，加州的公立高等教育系统不断发展完善，到目前已形成拥有研究型大学系统、教学型大学系统和应用型大学系统三个完备体系的公立高等学校系统，这三大高校

---

① 谌晓芹，张放平. 欧洲高等教育一体化改革特征及启示 [J]. 邵阳学院学报（社会科学版），2016，15（1）：114-120.

② 刘爱玲，褚欣维. 博洛尼亚进程 20 年：欧盟高等教育一体化过程、经验与趋势 [J]. 首都师范大学学报（社会科学版），2019（3）：160-170.

③ 谭颖芳. 美国区域高等教育生态的共生范式：以加州公立高等教育系统为例 [J]. 江苏高教，2014（3）：30-33.

系统不仅存在明确的定位和分工，能够保证每个系统各司其职并且在各自的领域内都取得了令人瞩目的成功，而且三大高校系统之间也有非常有效的联系和衔接机制，有效避免了州内高等教育资源的浪费和重复竞争，大大提高了加州高素质人才培养的规模和效率。整体来说，加州通过公立高等学校系统促进区域高等教育协同发展的主要经验有以下三个方面：

第一，完善的管理和协调机制。加州公立高等教育系统设有完善的管理和协调机构。三种不同类型的高校系统分别设有各自的管理机构：研究型大学系统由加州大学董事会管理，教学型大学系统由加州州立大学理事会管理，而学区管理董事会负责应用型大学系统的协调管理。上述管理机构主要负责各自高校系统内各个院校的管理和协调，其人员构成既包括校内人员，也包括校外人士，从性质上来说属于半官方的自治组织。在三类高校系统独立管理机构的基础上，加州还专门建立了一个独立的州级中介机构"中等后教育委员会"来负责加州全部高等教育资源的规划与协调。此外，加州还发展出了教育圆桌会议、学术资助委员会和教育总体规划开发联合委员会三种类型的组织机制，能够全面协调高校之间的相关事务。上述管理和协调组织能够在加州各类型高等教育系统和各高校之间、政府机构与高校系统之间协调和斡旋，不仅加强了加州公立高等教育系统内各类高校之间的合作，还有效协调了高等教育系统与政府之间的关系，为加州公立高等教育系统创造了良好的内外部发展环境。

第二，全面的资源互补与共享机制。不论对于加州地区还是美国其他地区来说，高等教育资源都是稀缺和昂贵的，由于高等教育资源的稀缺性和其使用方面的相对灵活性，为了避免出现一些高校缺乏的资源在另一些高校却可能是利用效率低下的，加州采用了多种措施加强公立高等学校之间的协同合作，促进高等教育资源的互补与共享。具体的做法有：一是课程资源的互补和共享。加州公立高等教育系统中的高校均实行弹性学分制，各类高校之间达成协议，高校之间可以相互认证学分，相同专业的课程，尤其是低年级的课程，学生可以实现跨校选课，充分实现高校之间课程资源的互补与共享。二是文献图书和实验室资源的互补和共享。首先，加州州政府从法律层面明确规定了加州大学的图书馆、实验室和其他科研设施应该对加州州立大学和加州社区学院以及其他高校教育研究人员适度开放，允许他们使用上述资源。其次，加州大学系统的图书馆资源对美国公民或持有美国护照的外国人开放。

第三，畅通的系统间衔接机制。为了保证加州三种类型高等教育系统之间能够有效衔接，加州公立高等教育系统构建了较为畅通的系统间衔接机制，为不同高校的学生转学升学和教师之间的交流学习创造了良好的条件。为确保公立高等教育系统内不同高校的有序衔接，加州通过立法明确规定了公立高等教育系统内的转学升学渠道。具体的措施有三个方面：一是为从数量上方便接收从外校转入的学生，规定加州大学和加州州立大学中的高段和低段年级学生规模比例应符合60：40的比例要求。二是为确保学生转学升学的实际可行性，加州要求加州社区学院高校系统的课程和学分标准与加州大学和加州州立大学高校系统保持一致；同时，加强加州公立高等教育系统内不同层次高校的教师之间的交流学习。三是为保证转学升学渠道的公正性，加州规定各类高校的转校生应首先在学业表现上达到标准，加州大学系统和加州州立大学系统接收转学学生的平均绩点积分应分别达到 2.4 和 2.0 以上。

(二) 州际高等教育协定

美国实现跨州高等教育协同和合作的一个重要机制是签订州际高等教育协定，建立州际高等教育协作组织，通过合作协议的组织和运行，实现跨区域高等教育合作和资源共享。美国目前有四个跨州的高等教育州际协作组织，包括覆盖 16 个州的、成立最早的南部地区教育董事会；覆盖 15 个州的西部州际高等教育理事会；覆盖 6 个州的新英格兰高等教育委员会；覆盖 12 个州的中西部高等教育委员会①。上述四个高等教育协作组织都是经由各州政府协商并签订州际高等教育合作协议，最终经过美国国会批准成立的。虽然这些根据州际高等教育协定所成立的协作组织从其性质上来说是非营利机构和非政府组织，但是由于其与政府的密切关系，它们又同时具有准政府组织的特征。四个州际协作组织的运行经费主要来源于各个成员州政府的拨款，同时也接受基金会、联邦政府和州政府以及其他机构的资助。美国高等教育州际协作组织的主要目标是通过跨州高等教育协同和合作活动，以州际高等教育协定的组织和运行为依托，加强区域高等教育资源合作和共享，妥善解决地区之间的高等教育矛盾和争端，协助各州制定和实施区域性高等教育政策，为居民提供更多的高等教育入学机会，提高区域人口的受教育水平和人口素质，从而进一步促进区域经济社会发展和公众福利的改善。

美国高等教育州际协定和相应的协作组织能够高效地运行并成为跨区

---

① 杨凤英，殷必轩. 美国高等教育跨州区域协作的达成：高等教育州际协作组织活动的视角 [J]. 山东高等教育，2013，1 (1)：68-75.

域人才培养协同的成功案例是有多方面原因的。一是完善的制度法律环境。一方面,美国的四个州际高等教育协作组织是由各参与州通过签订州际高等教育协议成立的,这些州际协议是通过各州政府之间协商签订并经国会批准的法律协议,具有充分的法律效力,各州无法单方面变动或者拒绝履行该协议;另一方面,近半个世纪以来,美国联邦政府为各州政府管理高等教育提供了较为宽松的环境,各州政府有充分的权力协商并签订高等教育合作协议,这为美国高等教育州际协作组织的高效有序运行提供了相对独立的管理环境。二是丰富的州际协作经验。在美国,州与州之间建立协议实现某个领域的跨州协作或解决某方面跨越州际的矛盾和争端是一种被普遍采用的制度安排,也是实现州际区域经济合作和公共问题治理的重要政策手段。这使得美国州际高等教育协作组织的管理和运行具备了较为丰富的跨州协同与合作经验,也具备了良好的公众基础。同时,为了完善州际间协作机制,美国还创建了一个专业化的州际协议政策咨询机构——全国州际协议中心,该组织的运行对于州际高等教育协议的实施也起到了较为积极的作用。三是良好的组织基础。美国高等教育州际协作组织拥有较为科学的组织架构和相对完善的工作机制,其负责人和工作人员也经过多重选拔,具有较为丰富的教育管理经验。负责人和工作人员主要来源于政府机构、教育组织和立法机构等,同时也具备一定的企业和机构管理经验。高素质的管理团队、科学的工作架构和复合型的人员结构为美国高等教育协作组织的高效运行构建了良好的组织基础。

二、欧洲地区人才培养协同发展的经验

欧洲高等教育一体化始于 20 世纪末。1998 年,英、法、德、意四国共同签署了《索邦宣言》，该宣言旨在促进各国高等教育资源的相互协调和合作，被认为是欧洲促进高等教育一体化的重要前期努力[1]（刘爱玲和褚欣维，2019）。1999 年，欧洲 29 个国家在意大利博洛尼亚共同签署了《博洛尼亚宣言》，正式拉开了欧洲高等教育一体化的帷幕，并确立了建成欧洲高等教育区，实现欧洲高等教育一体化的目标。在博洛尼亚进程的推动下，欧洲高等教育一体化旨在利用政府、高校、社会组织等多元化的力量，基于欧洲的科学文化传统，对欧洲高等教育进行结构性改革，实现构建具有充分国际竞争力的欧洲高等教育区的目标。经过 20 多年的发展，当前欧洲已经建成了一个涵盖 49 个国家的高度协作的欧洲高等教育区。在博洛尼亚进程推动下的欧洲高等教育区之所以成为跨区域高等教育一体化的典型案例，不仅在于欧洲高等教育区基于欧洲区域经济一体化所创造出的良好环境，而且还在于制度保障、机制设计和具体实施层面的成功。

（一）欧洲高等教育区：区域经济一体化背景下的高等教育一体化

从历史演化角度来看，博洛尼亚进程所推动的欧洲高等教育区的建立和发展是服务于欧洲区域经济一体化的需要。欧洲经济一体化的发展推动形成了欧洲共同的劳动力市场，而欧洲共同市场对高素质劳动力的需求需要欧洲各国高等教育系统的高效协调和合作来满足和实现。在欧洲经济一体化的背景下，博洛尼亚进程的推进不仅有效满足了区域经济一体化对高层次人才的需求，协调了各国人才培养领域的竞争与合作关系，同时也有

---

① 刘爱玲，褚欣维. 博洛尼亚进程 20 年：欧盟高等教育一体化过程、经验与趋势［J］. 首都师范大学学报（社会科学版），2019（3）：160-170.

效地协调了区域经济一体化与高等教育一体化之间存在的分歧和矛盾①
（Vogtle 和 Martens，2014）。欧洲高等教育区是为了适应欧洲经济一体化的
大环境而产生的，但同时，在博洛尼亚进程推动下的高等教育一体化对欧
洲一体化进程也产生了明显的积极影响。一方面，在博洛尼亚进程的推动
和欧洲各国高等教育部门的协同合作下，欧洲高等教育区在国际高等教育
领域中的综合竞争力和吸引力不断提升，参与欧洲高等教育区的成员数量
已经远超欧盟的覆盖范围。近年来欧洲高等教育区的影响力不断提升，甚
至成为全球跨区域高等教育协同发展的典范和模板②（刘爱玲和褚欣维，
2019），这在一定程度上促进和巩固了欧洲一体化的发展进程。另一方面，
欧洲各国通过欧洲高等教育区在高等教育领域的协同合作，极大地便利了
人才、科技和教育等重要资源在各成员之间的流动与共享，不仅为欧洲培
养了大量高素质人才，也通过资源的流动进一步推动了欧洲经济一体化。

（二）制度设计：多元化的参与主体

从组织性质上来说，博洛尼亚进程所建立的欧洲高等教育区是欧洲各
个国家自愿加入的政府间联盟，这种联盟对成员并不具备法律上的约束
力。因此，长期以来，博洛尼亚进程的推动始终是通过相互协商和协调的
方式进行的，而协商的主要形式便是通过定期举办的由各国高等教育部部
长参与的部长级会议。该会议一般会先对过往一段时间取得的成效和经验
进行总结，并在已有成效的基础上以制定优先事项的形式为以后的推进提

---

① Vögtle，Martens. The Bologna Process as a template for transnational policy coordination ［J］. Policy studies，Volume35，／ssue3. 2014. pp246-263.

② 刘爱玲，褚欣维. 博洛尼亚进程20年：欧盟高等教育一体化过程、经验与趋势［J］. 首都师范大学学报（社会科学版），2019（3）：160-170.

出新的目标。每一次博洛尼亚进程部长级会议的背后，实际上都有各个成员高等教育部和政府机构、欧盟委员会、欧洲学生联盟、欧洲大学协会、欧洲高等教育机构协会、联合国教科文组织欧洲中心、欧洲产业联盟等其他国际组织的参与。多元化的主体参与为欧洲高等教育区的发展奠定了制度基础，而通过会议的形式推进高等教育一体化目标的实现，也成为博洛尼亚进程最具特色的制度经验。

（三）实施进程：系统而渐进式的改革

《博洛尼亚宣言》提出的宗旨是对欧洲高等教育进行系统性、结构性改革，但是博洛尼亚进程对欧洲高等教育改革的推进过程却不是一蹴而就的，而是一个系统而渐进式的过程。博洛尼亚进程的一个重要特点便是在对宏观框架进行整体设计的基础上，系统而渐进式地推进。在对欧洲高等教育进行改革的过程中，博洛尼亚进程首先从宏观上对欧洲高等教育区的学位结构与资格框架进行了设计，然后从学分制和课程改革入手，围绕质量保证、认可、就业能力、终身学习、社会维度、流动、全球维度等多个方面的目标进行渐进式的推进。可见，博洛尼亚进程推动的欧洲高等教育一体化改革的过程是在明确的目标和清晰的思路中渐进式展开的。同时，为了对前期的改革成效进行监测，博洛尼亚进程在改革过程中注重对数据的收集和分析，以对改革成效进行批判性的评估，这确保了博洛尼亚进程在决策方面的科学性。在欧洲高等教育一体化系统而渐进式的改革推动下，欧洲高等教育区各成员在整体的高等教育政策上同向同行，但同时也保留了自身发展的特点，充分体现出了欧洲高等教育一体化改革统一和多元并存的特色。

第七章　成渝地区双城经济圈高等教育与人才培养协同

党的二十大报告指出：教育、科技、人才是全面建设社会主义现代化国家的基础性、战略性支撑。2021 年 10 月，中共中央、国务院正式印发《成渝地区双城经济圈建设规划纲要》，标志着成渝地区一体化发展进程进入新的阶段。在全力推进成渝地区双城经济圈经济社会一体化发展的背景下，作为科技进步、创新要素和人才培养的重要载体，高等教育发挥着至关重要的作用：一方面，高等教育作为经济社会发展的重要动力源，具有传播途径广泛和空间分布灵活的特性，有助于通过人员流动和人才培养功能促进人才和创新要素在地区之间的流动和协同，助推区域经济一体化的发展。另一方面，与国内发达城市群相比，成渝城市群对优秀人才的吸引力和集聚能力还有待提升。要将成渝地区双城经济圈打造成为具有全国影响力的重要经济中心，实现区域经济一体化发展，关键是培养和集聚大量高层次经济建设人才为成渝地区高质量发展贡献力量。可见，高等教育的发展对于推动成渝地区双城经济圈经济一体化发展起着举足轻重的作用。

推动成渝地区双城经济圈高等教育一体化发展，全面实现成渝地区双城经济圈人才培养协同是成渝地区未来发展的重要任务。

本章以成渝地区双城经济圈 16 个地级及以上城市为分析对象，首先从高校数量分布和高校办学水平角度，分析了成渝地区各城市的高等教育资源分布情况。其次，从城市经济实力、教育基础、文化氛围和高等教育资源等角度，利用熵值法对成渝地区双城经济圈高校资源分布和高等教育发展基础实力进行了测算和比较。研究发现：成渝地区双城经济圈的高等教育资源分布呈现向成都和重庆"双核"高度集中的状态；绵阳、德阳、南充、达州等城市由于相对较好的经济发展条件、文化氛围和教育资源，其高等教育发展基础在 14 个地级城市中要相对较好；广安和资阳等城市高等教育基础条件则相对薄弱。最后，本章从组建高校联盟、优化高等教育资源分布、加强拔尖创新人才培养和推动高校数字化转型等角度提出了推动成渝地区双城经济圈高等教育一体化，实现人才培养协同，提升成渝地区高等教育综合竞争力的对策建议。

一、国内外高等教育一体化的理论和实践探索

从 20 世纪后半叶开始，随着全球和区域经济一体化进程的推进，许多国家和地区通过强化高等教育区域合作来加强区域之间的经济联系，以高等教育一体化作为推动区域经济发展的重要举措。该举措催生了两种典型的区域高等教育一体化发展模式：一种是基于不同国家或地区的高等教育一体化，最具有代表性的包括以"博洛尼亚进程"为推动力的欧洲高等教

育一体化、"非洲高等教育一体化战略""东南亚高等教育共同空间"等①
（谌晓芹，2012；刘爱玲和褚欣维，2019）；另一种是基于一个国家内部地
区的高等教育一体化，例如美国在四个州建立的州际高等教育协定②（彭
红玉和张应强，2012）。区域高等教育一体化的本质是突破区域内阻碍高
等教育资源优化配置的各种障碍，使区域内部的高等教育主体逐步实现有
序分工、错位竞争及全面协作，从而提升区域整体高等教育综合实力的过
程及其状态③（吴颖和崔玉平，2020）。Knight（2012）归纳了区域高等教
育一体化的四种路径：一是区域主义对高等教育的影响；二是高等教育区
域化；三是将高等教育作为区域一体化的工具；四是高等教育的区域间合
作或区域内合作④。

我国区域高等教育一体化的尝试始于20世纪末，在教育资源比较发达
的长三角、京津冀和珠三角城市群率先开始探索⑤（李学和张勤，2013）。
龚放（2004）最早提出了建设"长三角高等教育增长极"的理念⑥。吴颖
和崔玉平（2020）研究认为，长三角区域高等教育合作经历了20世纪90
年代末的萌芽阶段、21世纪初期的全面推进以及随后的快速发展阶段，

---

① 谌晓芹. 欧洲高等教育一体化改革：博洛尼亚进程的结构与过程分析 [J]. 高等教育研究，2012（6）：92-100.

刘爱玲，褚欣维. 博洛尼亚进程20年：欧盟高等教育一体化过程、经验与趋势 [J]. 首都师范大学学报（社会科学版），2019（3）：160-170.

② 彭红玉，张应强. 美国州际高等教育协调与合作机制及其启示 [J]. 高等教育研究，2012（4）：99-104.

③ 吴颖，崔玉平. 长三角区域高等教育一体化的演进历程与动力机制 [J]. 高等教育研究，2020（1）：25-36.

④ Knight J. A Conceptual Framework for the Regionalization of Higher Education：Application to Asia [J]. Palgrave Macmillan US，2012.

⑤ 李学，张勤. 区域教育一体化改革：内涵、动因与路径 [J]. 现代教育管理，2013（12）：38-42.

⑥ 龚放. 整合与联动：打造长三角高等教育发展极 [J]. 教育发展研究，2004（1）：5-7.

2018 年《长三角地区教育更高质量一体化发展战略协作框架协议》和《长三角地区教育一体化发展三年行动计划（2018—2020 年）》的共同签署，以及长三角研究型大学联盟所带动的多种高校联盟的出现，标志着长三角地区高等教育一体化迈入了新的高质量发展阶段①。袁晶和张珏（2019）分析了长三角高等教育一体化发展的主要动因：一是宏观层面的国家战略布局需求，二是市场中观层面的城市群产业转型发展需求，三是微观层面的高等教育高质量发展和参与全球竞争的需求②。齐艳杰和薛彦华（2017）探讨了京津冀高等教育一体化的功能、定位等问题，并认为京津冀高等教育一体化进程应该通过政府推动与科学建制、高等教育资源跨府际调配和高等教育要素重组等措施，促进优质教育资源的实质共享和有效使用③。此外，朱建成和王鲜萍（2011）对珠三角地区的高等教育一体化战略进行了探索④。李鹏虎（2022）探讨了粤港澳大湾区高等教育一体化发展存在的基础优势和制约因素，并认为应该从体制机制和顶层设计等方面进行重点突破⑤。李艳和李海（2022）分析了粤港澳大湾区建设国际教育示范区的优势和潜在障碍，并提出了建设国际教育示范区的发展策略⑥。

---

① 吴颖，崔玉平. 长三角区域高等教育一体化的演进历程与动力机制 [J]. 高等教育研究，2020（1）：25-36.

② 袁晶，张珏. 长三角区域高等教育一体化发展：动因、内涵与机制创新 [J]. 中国高教研究，2019（7）：33-38.

③ 齐艳杰，薛彦华. 京津冀高等教育一体化进程对策研究 [J]. 北京师范大学学报（社会科学版），2017（2）：15-20.

④ 朱建成，王鲜萍. 粤港澳高等教育一体化研究 [J]. 战略决策研究，2011（3）：69-85.

⑤ 李鹏虎. 粤港澳大湾区高等教育一体化发展：基础、难点及突破 [J]. 世界教育信息，2022，35（9）：7-13.

⑥ 李艳，李海. 粤港澳大湾区国际教育示范区建设：现实问题与发展策略 [J]. 宁波教育学院学报，2022，24（3）：79-82.

随着成渝地区双城经济圈建设上升为国家战略，关于成渝地区双城经济圈高等教育一体化发展的相关研究也开始出现。陈涛和唐教成（2020）提出以"高等教育集群"建设推动成渝地区双城经济圈一体化发展的思路[①]。蒋华林（2020）从发展定位、思想认识、顶层设计和体制机制四个方面提出了成渝地区双城经济圈高等教育一体化发展的建议[②]。张学敏和姚姿臣（2022）研究指出，由于存在空间规模与质量不匹配、空间布局与区域发展诉求不协调、资源空间错配凸显和资源空间融合有限等问题，当前成渝地区双城经济圈高等教育难以支撑都市圈高质量协同发展的目标[③]。

从上文对现有研究的梳理我们可以看出，当前我国区域高等教育一体化起步较早的是长三角城市群，而京津冀和珠三角地区依托自身发达的高等教育资源，也进行了区域高等教育一体化的有益尝试。与国内发达城市群相比，成渝地区双城经济圈高等教育一体化的进程尚处于起步阶段，与其相关的研究还不够丰富，本章基于成渝地区双城经济圈高等教育一体化和人才培养协同的迫切政策需求，对成渝地区双城经济圈高等教育资源分布和高等教育一体化发展的基础实力的研究，具有一定的理论和实践价值。

二、成渝地区双城经济圈高校资源分布情况

（一）成渝地区双城经济圈高校资源分布

成渝地区双城经济圈高校资源丰富，截至 2021 年 9 月 30 日，成渝地

---

① 陈涛，唐教成. 高等教育如何推动成渝地区双城经济圈发展：高等教育集群建设的基础、目标与路径 [J]. 重庆高教研究，2020（4）：40-57.
② 蒋华林. 推动成渝地区双城经济圈高等教育一体化发展的思考 [J]. 重庆高教研究，2020（4）：58-70.
③ 张学敏，姚姿臣. 成渝地区双城经济圈高等教育"同城化"空间整合研究 [J]. 中国高教研究，2022（10）：89-95.

区双城经济圈范围内的 16 个地级及以上城市共有各类高等学校 189 所，其中：从区域分布来看，重庆市 69 所，四川省 15 个城市共 120 所；从办学层次和性质来看，公办本科 48 所，民办本科 27 所，公办专科 64 所，民办专科 50 所①。我们按照高校办学层次和办学性质将各城市高校分为本科和专科两大类，本科高校又进行了"985"高校、"211"高校、"双一流"高校、公办本科与民办本科的归类和细分；根据办学性质，对专科高校也进行了公办专科和民办专科的细分，具体的统计数据见表 7-1 和表 7-2。

从表 7-1 中的成渝地区双城经济圈的本科高等学校数量分布来看，成都本科院校的数量最多，有 29 所，重庆有本科院校 26 所，略少于成都。其他城市与成都、重庆相比有明显差距，排名第三位的绵阳也仅有 5 所本科高校，第四位的南充有 3 所本科院校，其余城市中，宜宾、乐山、泸州、德阳、内江、眉山等城市有 1~2 所本科院校，而遂宁、广安、资阳等 3 个城市则没有本科院校。从成渝地区双城经济圈高校资源分布比例来看，成都、重庆本科高校数量占成渝地区双城经济圈本科高校总数的 70% 以上，而其他城市本科高校总数占成渝地区双城经济圈本科高校总数的比例不足 30%。可见，成渝地区双城经济圈内的大部分本科高等学校位于成都和重庆，其他地区本科高校资源较少，且有超过三成的城市没有本科高校。

从成渝地区双城经济圈专科高等学校数量分布来看，重庆有专科院校 43 所，数量最多，成都有专科院校 29 所，排名第二。排在第三、四位的是位于成都平原城市群的德阳市、绵阳市，分别有 7 所和 6 所专科院校，

---

①　本书各城市的高校资源数据是根据教育部发布的截至 2021 年 9 月 30 日的《全国普通高等学校名单》整理得到。

位于川南城市群的泸州和位于成都平原城市群的眉山并列第五位，均有 5
所专科院校。其他城市只有 1～4 所专科院校，如乐山、遂宁、宜宾、广
安、雅安，只有 1 所专科院校。从成渝地区双城经济圈专科高校资源分布
占比来看，重庆、成都市专科院校数量占成渝地区双城经济圈专科院校总
数的 63%，其他城市专科院校总和占比为 37% 左右。可见，成渝地区双城
经济圈范围内的专科高校资源也集中在重庆、成都两个中心城市，其他城
市专科高校数量较少，但是与本科高校资源分布相比，专科高校资源分布
的不平衡问题相对较为缓和，其原因主要在于有一定数量的专科高校将校
址选在了绵阳、泸州等区域中心城市①，这在一定程度上缓解了成渝地区
双城经济圈教育资源分布不均的问题，也表明了发展基础较好的区域中心
城市对高等学校和人才资源的吸引力有所上升。

从城市高校总量来看，重庆共有普通高校 69 所，在双圈范围内排名第
一；成都拥有高校 58 所，排名第二；绵阳、德阳和南充、泸州拥有的高校
数量排名第三到六位；而其余城市的高校数量均在 6 所以下，遂宁和广安
等城市的高校数量仅有 1 所。综合前文的分析可以看出，成渝地区双城经
济圈的大部分高校资源集中在重庆和成都双核，一些发展较好的区域中心
城市也集中了部分高校资源，但大量非中心城市的高校资源较为匮乏，成
渝地区双城经济圈高校资源的整体分布呈现向"双核"高度集中的状态。

---

① 2021 年 10 月中共中央和国务院正式印发的《成渝地区双城经济圈建设规划纲要》明确提
出将绵阳和乐山打造为成都平原城市群区域中心城市，将南充和达州打造为川东北城市群区域中
心城市，将宜宾和泸州建设为川南城市群区域中心城市。

表 7-1　成渝地区双城经济圈各城市高校数量分布

城市	本科高校	专科高校	城市合计
重庆	26	43	69
成都	29	29	58
自贡	1	2	3
泸州	2	5	7
德阳	2	7	9
绵阳	5	6	11
遂宁	0	1	1
内江	1	3	4
乐山	2	1	3
南充	3	4	7
眉山	1	5	6
宜宾	1	1	2
广安	0	1	1
达州	1	2	3
雅安	1	1	2
资阳	0	3	3
合计	75	114	189

注：表 7-1 中各城市高校资源数据为笔者根据教育部发布的《全国普通高等学校名单》整理得到，表 7-1 最后一列的高校数量合计为公办本科、民办本科、公办专科、民办专科的加总。

（二）成渝地区双城经济圈高校办学层次分析

上文我们从高校数量角度对成渝地区双城经济圈的高校资源分布进行了比较分析，下面我们根据高校的办学层次，将成渝地区双城经济圈高校区分为"985"高校、"211"高校、"双一流"建设高校、普通本科高校、公办专科高校和民办专科高校等多种类型，进一步分析成渝地区双城经济圈不同城市的高校资源和办学水平情况。

从表 7-2 来看，截至 2021 年 9 月，成渝地区双城经济圈共拥有 3 所

"985"高校，7所"211"高校，有10所高校入选"双一流"建设高校和学科名单，有本科高校75所，专科高校114所。从高水平高校的城市分布来看，成都有2所"985"高校，4所"211"高校，有7所高校入选国家"双一流"建设高校和学科名单，是成渝地区双城经济圈高等教育资源最丰富的城市；重庆拥有1所"985"高校，2所"211"高校，其中有2所高校入选"双一流"建设高校和学科名单，在双城经济圈中排名第二，但与排名第一的成都相比，依然存在明显的差距。其余14个地级城市中，除雅安拥有一所"211"高校和"双一流"高校以外，其他城市均没有"211"高校和"双一流"高校。同时，成渝地区双城经济圈中的公办本科高校资源也主要集中在成都和重庆，其他城市的公办本科高校较少，绵阳南充、内江、乐山等城市有1~2所公办本科，有4个城市没有公办本科。从公办和民办高校类型角度来分析，成渝地区双城经济圈中民办高校资源最丰富的城市是重庆，有民办高等学校29所，其中民办本科9所、民办专科高校20所；成都共有民办高校22所，其中民办本科高校11所、民办专科高校11所，排名第二位；除成渝两市以外在民办高校数量方面表现最好的是绵阳，有6所民办高校，眉山和德阳分别有5所和4所民办高校，但其余城市的民办高校资源较为匮乏，遂宁、内江、宜宾、广安、达州和雅安6个城市没有民办高校。

表7-2 成渝地区双城经济圈各城市高校类型和办学层次

城市	985高校	211高校	"双一流"高校	公办本科	民办本科	公办专科	民办专科
重庆	1	2	2	17	9	23	20
成都	2	4	7	18	11	18	11

表7-2（续）

城市	985高校	211高校	"双一流"高校	公办本科	民办本科	公办专科	民办专科
自贡	0	0	0	1	0	1	1
泸州	0	0	0	2	0	2	3
德阳	0	0	0	1	1	4	3
绵阳	0	0	0	2	3	3	3
遂宁	0	0	0	0	0	1	0
内江	0	0	0	1	0	3	0
乐山	0	0	0	1	1	1	0
南充	0	0	0	2	1	2	2
眉山	0	0	0	0	1	1	4
宜宾	0	0	0	1	0	1	0
广安	0	0	0	0	0	1	0
达州	0	0	0	1	0	2	0
雅安	0	1	1	1	0	1	0
资阳	0	0	0	0	0	0	3
合计	3	7	10	48	27	64	50

从上文对各城市高校办学层次的比较分析可以看出，成渝地区双城经济圈的一流高等院校和公办高校资源均集中分布在成都和重庆，而其他城市的优质公办高等教育资源非常匮乏；民办高等教育资源的分布方面，重庆和成都依然集中了大部分民办高等教育资源，绵阳、德阳和眉山等城市的民办高校资源相对较好，但是有超过一半的城市没有民办高校。如果说公办高水平本科高校的区位分布很大程度上受到历史沿革和行政规划等方面因素的影响，而一个城市民办高校的数量则可以更好地体现该城市对资源和要素的吸引力，也更能体现该城市的经济增长潜力和承载力。成渝地

区双城经济圈高校资源的分布现状在较大程度上体现出了地区高等教育资源的分布与经济社会发展程度的正相关性：经济发展状况好的城市能够吸引更多的高等教育资源，而经济发展相对落后的地区则难以吸引高度市场化的高校资源，很容易陷入一种经济发展落后导致高校资源不足，并进一步加剧经济发展颓势的恶性循环。因此，要破解成渝地区双城经济圈后发地区的经济发展落后和人才资源不足的困境，需要上一级教育部门和政府善用行政干预的手段，通过对公办高校资源分布的影响和民办高校办学环境的优化来调节和改善高校资源在成渝地区双城经济圈内分布不均的现状。

三、成渝地区双城经济圈高等教育一体化基础实力分析

上文重点从高校数量及其办学层次角度探讨了成渝地区双城经济圈的高校分布情况，为了更全面地比较各城市高等教育发展的基础实力和实现高等教育一体化的潜力，下面我们进一步从城市经济实力、教育基础、文化氛围和高等教育资源四个角度选取综合指标，对于各城市高等教育一体化发展的基础实力进行测算和比较分析。

借鉴现有研究的指标设计方法，本书设置了经济实力、教育基础、文化氛围和高等教育四个一级指标，从经济总量、人均收入、政府财力、财政投入、受教育水平、教育从业人员、图书藏量、文化从业人员、科技服务氛围、高等学校数量和专任教师数量等角度选取了13个三级指标来综合测算成渝地区双城经济圈各城市发展高等教育的基础条件，具体指标体系见表7-3。

表 7-3　成渝地区双城经济圈高等教育一体化基础实力指标体系

一级指标	二级指标	三级指标	熵值法权重
经济实力	经济总量	GDP	0.071 9
	人均收入	人均 GDP	0.084 7
	政府财力	地方一般公共预算收入	0.068 4
教育基础	财政投入	教育事业费支出	0.073 4
	受教育水平	平均受教育年限	0.084 0
	教育从业人员	教育从业人员占比	0.085 1
文化氛围	图书藏量	人均公共图书馆图书藏量	0.069 2
	文化从业人员	文化体育和娱乐业从业人员占比	0.085 9
	科技服务氛围	科学研究和技术服务业从业人员占比	0.082 4
高等教育	高等学校	普通高等学校数	0.072 1
	专任教师	普通高等学校专任教师数	0.070 2
	本专科学生	普通本专科在校学生数	0.071 0
	高学历人口	高等教育人口占比	0.081 8

为了更合理地确定指标权重，本书采用类似研究中最常用的熵值法来确定指标权重[1][2]，并利用等权重法与熵值法测算结果进行对比，以验证结论的稳健性。信息论认为，熵是对系统无序程度的一种度量，由于熵值依赖于数据本身的变异程度，因此利用熵值可以表征某个指标的变异程度。一个指标变异程度越大，该指标提供的信息量就越大，其权重就应该越大；如果样本数据在某项指标下没有任何变异即取值都相等，那么该指标

———————————

　　① 赵会杰，于法稳. 基于熵值法的粮食主产区农业绿色发展水平评价 [J]. 改革，2019
（11）：136-146.
　　② 刘云菲，李红梅，马宏阳. 中国农垦农业现代化水平评价研究：基于熵值法与 TOPSIS 方
法 [J]. 农业经济问题，2021（2）：107-116.

对总体评价的影响为 0，权重也应该为 0[①]。利用熵值法确定指标权重的具体思路如下：

第一，数据标准化处理。由于本文选取的各城市教育基础实力指标均为正向指标，因此我们统一按照公式 1 的方法进行标准化处理。

$$X_{ij}{}' = \frac{x_{ij} - \text{Min}(x_{ij})}{\text{Max}(x_{ij}) - \text{Min}(x_{ij})} \tag{1}$$

其中，X_{ij} 为第 i 个样本的第 j 个指标的原始值，Max（xij）和 Min（xij）分别为 j 指标的最大值和最小值；$X_{ij}{}'$ 为第 i 个样本的第 j 个指标经过标准化处理的值，需要说明的是，由于熵值法计算权重时要求所有数据不为 0，因此在利用熵值法计算指标权重时，我们对于经过数据标准化以后为 0 的样本，根据现有研究的常用做法，在其标准化之后的值上加一个较小的实数 0.000 1，以便进行熵值法权重的测算。

第二，计算第 j 项指标下第 i 个样本占该指标的比重：

$$P_{ij} = \frac{x_{ij}}{\sum_{i=1}^{n} x_{ij}} \tag{2}$$

第三，计算第 j 项指标的熵值 e_j：

$$e_j = -\frac{1}{\ln(n)} \cdot \sum_{i=1}^{n} (P_{ij} \cdot \ln(P_{ij})) \tag{3}$$

第四，确定评价指标权重：

$$w_j = \frac{d_j}{\sum_{i=1}^{m} d_j} \tag{4}$$

---

① 郭显光. 改进的熵值法及其在经济效益评价中的应用 [J]. 系统工程理论与实践，1998（12）：99-103.

其中，差异系数 $d_j = 1 - e_j$。

第五，根据权重计算各样本综合得分：

$$Z_i = \sum_{j=1}^{m} w_j P_{ij} \tag{5}$$

我们利用熵值法测算得到的每个指标的权重如表7-3最后一列所示。在对原始指标进行标准化处理以后，我们分别利用熵权法和等权重法计算各城市在高等教育一体化基础条件方面的综合得分，并对各城市在各一级指标和综合指标上的表现进行排序。下面我们首先按照各城市在经济实力、教育基础、文化氛围和高等教育四个一级指标上的表现分别进行分析。本节采用的各城市宏观数据来源于《中国城市统计年鉴2021》和第七次全国人口普查数据。

（一）经济实力

为了观察成渝地区双城经济圈各城市近年来的经济实力，本书从经济总量、人均收入和政府财力角度选取了地区生产总值、人均GDP和地方一般公共预算收入三个指标来进行综合测算。成渝地区双城经济圈各城市的经济实力状况如表7-4表示。从经济总量方面来看，重庆和成都地区生产总值在2020年时分别为25 002.79亿元和17 716.7亿元，排名前两位，而其他城市的经济体量与重庆和成都两市存在明显的差距，绵阳、宜宾、德阳、南充、泸州、达州、乐山等7个城市的地区生产总值达到了2 000亿元以上，而排名靠后的雅安和资阳的地区生产总值则不足1 000亿元。从人均收入角度比较，成都和重庆两市的人均GDP高于其他城市，德阳、乐山、绵阳、宜宾等城市次之，人均GDP最低的城市为资阳，人均GDP为34 806元，约为成都人均GDP的40%。从政府财力角度而言，重庆的地方一般公共预算收入最高，在 2020 年时重庆地方一般公共预算收入已经超过了 2 000 亿元，成都的地方一般公共预算收入也超过 1 500 亿元，宜宾、泸州、绵阳和南充等城市次之，地方一般公共预算收入均超过了 130 亿元，与经济总量相适应，雅安和资阳等城市的地方一般公共预算收入最少，分别为 48 亿元和 53 亿元。从最后一列所报告的成渝地区各城市经济实力的总体得分来看，重庆和成都的得分远高于其他城市，排名前两位，德阳、宜宾、绵阳、乐山等城市的经济实力也相对较强，而资阳、广安等城市的经济实力相对较为薄弱。

表 7-4　成渝地区双城经济圈各城市经济实力

	经济总量		人均收入		政府财力		经济实力综合得分	
	GDP/亿元	排序	人均GDP/元	排序	地方一般公共预算收入/亿元	排序	标准化得分	排序
重庆	25 002.79	1	78 002	2	2 094.85	1	0.949 7	1
成都	17 716.7	2	85 679	1	1 520.38	2	0.806 3	2
自贡	1 458.44	11	58 059	7	63.45	14	0.164 5	7
泸州	2 157.2	7	50 758	9	170.07	4	0.143 6	8
德阳	2 404.1	5	69 443	3	132.09	7	0.263 2	3
绵阳	3 010.08	3	61 900	5	140.96	5	0.223 6	5
遂宁	1 403.18	13	49 495	10	79.92	12	0.110 3	10
内江	1 465.88	10	46 228	12	66.34	13	0.087 5	12
乐山	2 003.4	9	63 259	4	120.62	9	0.215 3	6
南充	2 401.08	6	42 482	13	133.93	6	0.086 8	13
眉山	1 423.74	12	48 132	11	121.62	8	0.108 4	11
宜宾	2 802.12	4	61 182	6	200.03	3	0.225 7	4
广安	1 301.6	14	40 073	14	86.02	11	0.048 1	15

表7-4(续)

	经济总量		人均收入		政府财力		经济实力综合得分	
	GDP /亿元	排序	人均GDP /元	排序	地方一般公共预算收入/亿元	排序	标准化得分	排序
达州	2 118	8	38 068	15	112.33	10	0.050 5	14
雅安	754.59	16	52 366	8	48.49	16	0.115 1	9
资阳	807.5	15	34 806	16	53.13	15	0.001 5	16

（二）教育基础

本书从财政投入、受教育水平和教育从业人员角度选取了全年教育事业费支出、平均受教育年限和教育从业人员占比三个指标来测算成渝地区双城经济圈各城市的教育基础实力。成渝地区双城经济圈 16 个地级及以上城市教育基础得分和排序情况见表 7-5。从财政投入指标来看，重庆和成都的教育事业费支出数额排名前两位，其他城市的教育事业费支出规模与成渝两市存在明显的差距，南充、宜宾和达州的教育事业费支出排名位于 3~5 位，自贡、资阳和雅安的教育费事业支出规模最小。从受教育水平角度来看，成都的平均受教育年限为 10.51 年，排名第一，重庆的平均受教育年限为 9.47 年，排名第二，其他城市的平均受教育年限均为 8~9 年，绵阳、雅安和达州的平均受教育年限的排名位于 3~5 位，泸州、遂宁、广安和资阳等城市的平均受教育年限最短。从教育从业人员占比角度来看，成都教育从业人员占比在整个城市群中最高，其次为绵阳、达州和南充，而重庆的教育从业人员占比仅排名第五位，自贡、眉山和资阳的教育从业人员占比最低。从各城市教育基础综合得分来看，在成渝地区双城经济圈，成都的教育基础最好，重庆排名第二位，绵阳、达州和宜宾等区域中心城市的表现也优于除成渝双核以外的其他城市，而眉山、广安和资阳等城市的教育基础相对薄弱。

表7-5　成渝地区双城经济圈各城市教育基础

	财政投入		受教育水平		教育从业人员		教育基础综合得分	
	教育事业费支出/万元	排序	平均受教育年限/年	排序	教育从业人员占比	排序	标准化得分	排序
重庆	7 549 666	1	9.47	2	0.201 0%	5	0.732 3	2
成都	3 277 272	2	10.51	1	0.234 9%	1	0.805 4	1
自贡	425 779	14	8.62	8	0.160 6%	14	0.142 3	13
泸州	816 570	6	8.40	13	0.168 7%	10	0.159 8	11
德阳	428 887	12	8.77	5	0.181 0%	8	0.238 2	7
绵阳	741 955	7	8.94	3	0.220 1%	2	0.420 0	3
遂宁	442 128	11	8.40	13	0.193 7%	6	0.234 9	8
内江	498 847	9	8.51	11	0.164 6%	11	0.145 3	12
乐山	455 051	10	8.72	6	0.163 9%	12	0.169 5	10
南充	967 169	3	8.41	12	0.202 2%	4	0.291 5	5
眉山	428 589	13	8.57	9	0.154 6%	15	0.113 4	14
宜宾	930 684	4	8.63	7	0.183 8%	7	0.252 2	6
广安	650 472	8	8.25	15	0.160 7%	13	0.102 1	15
达州	822 266	5	8.56	10	0.205 2%	3	0.316 6	4
雅安	231 299	16	8.80	4	0.172 5%	9	0.202 0	9
资阳	306 724	15	8.08	16	0.144 5%	16	0.003 4	16

（三）文化氛围

为了观察成渝地区双城经济圈各城市的文化氛围情况，我们从图书藏量、文化从业人员和科技服务氛围角度选取了人均公共图书馆图书藏量、文化体育和娱乐业从业人员占比、科学研究和技术服务业从业人员占比三个指标。成渝地区双城经济圈各城市文化氛围得分和排序情况见表7-6。从图书藏量角度比较，成都的公共图书资源最为丰富，人均公共图书馆图书藏量远超其他城市，排名第一位；达州、雅安、广安和资阳等城市的人均图书藏量也较为丰富，排名第二至五位，而重庆的人均图书藏量仅排名第六位，宜宾、自贡和眉山等城市的人均公共图书馆图书藏量较少，排名靠后。从文化从业人员占比指标来看，成渝两市同时失去了领先地位，南充和德阳的文化体育和娱乐业从业人员占比排名第一和第二位，成都排名第三位，绵阳、达州、遂宁和内江排名第四至七位，而重庆仅仅排名第八位，雅安、泸州和资阳等城市的文化体育和娱乐业从业人员占比排名比较靠后。从科技服务氛围角度来看，成都的科学研究和技术服务业从业人员占比排名第一位，绵阳排名第二位，而重庆仅排名第三位，自贡、德阳和达州等城市排名次之，雅安、广安和资阳等城市的科技服务氛围相对薄弱。从表7-6最后一列的各城市文化氛围综合得分来看，成都的整体文化氛围最强，绵阳、德阳、南充和达州等城市的表现也较好，而作为成渝地区双城经济圈中心城市之一的重庆却仅排名第七位，在文化氛围方面的表现与其经济实力和城市定位是不相符的，而广安、泸州和资阳等城市的文化氛围相对较弱。

表 7-6　成渝地区双城经济圈各城市文化氛围

	图书藏量		文化从业人员		科技服务氛围		文化氛围综合得分	
	人均公共图书馆图书藏量/本	排序	文化体育和娱乐业从业人员占比	排序	科学研究和技术服务业从业人员占比	排序	标准化得分	排序
重庆	0.622 3	6	0.043 0%	8	0.052 8%	3	0.289 5	7
成都	8.541 8	1	0.064 9%	3	0.125 1%	1	0.968 0	1
自贡	0.257 0	15	0.042 9%	9	0.043 5%	4	0.246 6	8
泸州	0.474 2	7	0.030 8%	15	0.026 2%	11	0.121 6	15
德阳	0.367 1	10	0.066 0%	2	0.041 6%	5	0.402 5	3
绵阳	0.451 7	8	0.063 3%	4	0.073 7%	2	0.482 9	2
遂宁	0.347 5	11	0.054 1%	6	0.033 7%	8	0.297 3	6
内江	0.305 7	13	0.047 0%	7	0.029 6%	10	0.235 2	9
乐山	0.341 8	12	0.033 2%	12	0.025 8%	12	0.136 2	12
南充	0.408 2	9	0.069 6%	1	0.032 5%	9	0.401 6	4
眉山	0.155 4	16	0.042 0%	10	0.034 8%	7	0.210 6	10
宜宾	0.300 0	14	0.037 3%	11	0.021 5%	13	0.144 9	11
广安	0.695 4	4	0.033 8%	13	0.017 7%	15	0.125 5	14
达州	0.923 9	2	0.057 1%	5	0.040 4%	6	0.360 5	5
雅安	0.727 3	3	0.033 3%	14	0.018 6%	14	0.126 1	13
资阳	0.679 7	5	0.020 6%	16	0.012 9%	16	0.020 8	16

（四）高等教育

为了分析成渝地区双城经济圈各城市的高等教育发展情况，本书从高等学校数量、专任教师数量、本专科学生人数和高学历人口角度选取了普通高等学校数量、普通高等学校专任教师数量、普通本专科在校学生人数以及接受过高等教育的人口占比四个指标对各城市的高等教育实力进行综合测算，具体结果如表7-7所示。从普通高等学校数量来看，2020年重庆和成都两个城市的普通高等学校数量相当，分别排名前两位；其他城市与成渝两市存在较大差距，高校数超过10所的城市仅有绵阳和德阳两市，而遂宁和广安两市则仅有1所普通高校。从普通高等学校专任教师数和在校学生数两个指标来看，成都和重庆的高校教师和本专科学生规模最大，排名前两位；其他城市在这两个指标上的表现与所拥有的高等学校数量呈现出明显的正相关，绵阳、德阳和南充等城市的表现相对较好，广安、遂宁和资阳等城市的高校师生规模较为有限。从高学历人口占比来看，成都接受过高等教育的人口占比最高，重庆次之，绵阳、德阳、雅安和乐山等城市的高学历人口占比也超过了10%，而达州、广安和资阳等城市的高学历人口比例较低。从表7-7最后一列测算的各城市高等教育综合得分来看，成渝地区双城经济圈内的大部分高等教育资源集中在成都和重庆两市，高等学校资源相对较为丰富的绵阳、德阳和南充等城市的表现也较好，而遂宁、资阳和广安等市由于高校数量的相对匮乏，其高等教育基础较为薄弱。

表7-7　成渝地区双城经济圈各城市高等教育

	高等学校		专任教师		本专科学生		高学历人口		高等教育综合得分	
	普通高等学校数/所	排序	普通高等学校专任教师数/人	排序	普通本专科在校学生数/人	排序	接受过高等教育的人口占比	排序	标准化得分	排序
重庆	68	1	49 174	2	915 556	2	15.41%	2	0.850 5	2
成都	65	2	52 348	1	927 111	1	25.58%	1	0.988 8	1
自贡	2	12	2 215	9	49 614	10	9.48%	9	0.064 4	10

表7-7(续)

	高等学校		专任教师		本专科学生		高学历人口		高等教育综合得分	
	普通高等学校数/所	排序	普通高等学校专任教师数/人	排序	普通本专科在校学生数/人	排序	接受过高等教育的人口占比	排序	标准化得分	排序
泸州	7	5	3 226	7	62 803	6	8.41%	11	0.077 7	9
德阳	12	4	5 886	4	132 409	4	11.88%	4	0.173 0	4
绵阳	15	3	8 015	3	152 457	3	12.96%	3	0.213 8	3
遂宁	1	15	618	15	14 354	15	7.48%	13	0.017 5	14
内江	5	8	2 005	11	60 349	7	8.06%	12	0.059 2	12
乐山	3	9	2 570	8	49 922	9	10.58%	6	0.084 1	7
南充	7	5	4 880	5	90 979	5	8.82%	10	0.098 8	5
眉山	6	7	2 150	10	45 761	11	9.60%	8	0.079 5	8
宜宾	2	12	1 821	12	34 626	12	9.62%	7	0.060 2	11
广安	1	15	692	14	16 747	14	6.51%	15	0.006 0	16
达州	3	9	1 541	13	33 899	13	6.92%	14	0.027 6	13
雅安	2	12	3 269	6	53 356	8	10.65%	5	0.085 6	6
资阳	3	9	549	16	12 815	16	6.18%	16	0.007 5	15

（五）成渝地区双城经济圈各城市高等教育一体化发展的基础实力综合分析

下面我们对成渝地区双城经济圈各城市高等教育一体化发展的综合竞争力进行整体分析，本书分别按照熵权法和等权重法计算各城市在各个指标上的整体表现，得到各城市的综合得分和排序见表7-8。从成渝地区双城经济圈各城市高等教育一体化发展的综合竞争力得分和排序可以看出，成都的高等教育一体化发展的基础条件最好，重庆的基础条件仅次于成都，位于第二位。与成都和重庆两市相比，其他城市高等教育发展的基础条件尚较薄弱，但总体而言，绵阳、德阳、南充、达州和宜宾等城市由于相对较好的经济实力、文化氛围和教育资源，其高等教育发展的基础条件相对较好；而泸州、广安和资阳等城市高等教育发展的基础条件则相对薄弱。同时，从各个城市在不同指标上的表现来看，整体表现最好的成都在各个指标上都能够保持领先或在相对靠前的位置；重庆虽然整体得分仅次于成都，排名第二，但是在人均图书馆藏、文化体育和娱乐业从业人员占比和教育从业人员占比等指标上相对较弱，在文化氛围等方面的表现不够理想。除成渝两市以外，作为成都平原城市群区域中心城市，绵阳在14个地级市中的整体表现最好；其次是德阳、南充、达州等城市，但是上述城市在一些指标方面存在明显的短板，因此与其他城市相比并不具备全面的发展优势；广安和资阳高等教育发展的基础条件较为薄弱。

表7-8 成渝地区双城经济圈各城市高等教育一体化综合竞争力

	经济实力排序	教育基础排序	文化氛围排序	高等教育排序	等权重法综合得分	等权重法排序	熵值法综合得分	熵值法排序
重庆	1	2	7	2	0.705 5	2	0.706 2	2
成都	2	1	1	1	0.892 1	1	0.904 9	1
自贡	7	13	8	10	0.154 5	9	0.159 6	9
泸州	8	11	15	9	0.125 7	14	0.128 1	14
德阳	3	7	3	4	0.269 3	4	0.280 4	4
绵阳	5	3	2	3	0.335 1	3	0.347 5	3
遂宁	10	8	6	14	0.165 0	8	0.168 2	8
内江	12	12	9	12	0.131 8	12	0.135 9	12
乐山	6	10	12	7	0.151 3	10	0.156 8	10
南充	13	5	4	5	0.219 7	5	0.225 6	5
眉山	11	14	10	8	0.128 0	13	0.133 2	13
宜宾	4	6	11	11	0.170 8	7	0.173 8	7
广安	15	15	14	16	0.070 5	15	0.070 0	15
达州	14	4	5	13	0.188 8	6	0.190 1	6
雅安	9	9	13	6	0.132 2	11	0.138 4	11
资阳	16	16	16	15	0.008 3	16	0.007 6	16

四、成渝地区双城经济圈高等教育一体化发展建议

在全力推进成渝地区双城经济圈一体化发展的背景下，高等教育一体化发挥着非常关键的作用。本书以成渝地区双城经济圈 16 个地级及以上城市为对象，首先分析了成渝地区双城经济圈的高校资源分布，发现成渝地区双城经济圈高校资源分布呈现向成都和重庆"双核"高度集中的状态，其他地区高校资源较少，有超过 30% 的城市没有本科高校，有接近 40% 的城市没有公办本科高校，也有接近四成的城市没有民办高等院校。其次，从城市经济实力、教育基础、文化氛围和高等教育资源等角度建立三级指标体系，通过熵值法赋权测算了各城市的高等教育综合竞争力，研究发现：成渝地区双城经济圈范围内，成都高等教育一体化发展的基础条件最好，在各个指标上都能够保持领先或在相对靠前的位置；重庆高等教育一体化综合竞争力仅次于成都，位于第二位，但是文化氛围及其相关指标方面表现不够理想；与成都和重庆相比，其他城市高等教育发展的基础实力比较薄弱，但作为成都平原城市群区域中心城市，绵阳在 14 个地级市中的整体表现最好；此外，德阳、南充、达州等城市虽然综合实力相对靠前，但是在一些指标上也存在短板；广安和资阳高等教育发展的基础条件较为薄弱。基于本书研究发现，我们提出推动成渝地区双城经济圈高等教育一体化发展，全面提升成渝地区高等教育整体实力的几点对策建议：

第一，推动成立各类具有特色的高校联盟。2020 年 5 月，由重庆大学、四川大学等成渝地区 20 所高校共同组建的"成渝地区双城经济圈高校联盟"正式成立，这标志着成渝地区双城经济圈高等教育一体化迈出了坚实的一步。然而，该联盟所涵盖的高校范围有限，仅占成渝地区高校总量的十分之

一。成渝地区双城经济圈高等教育一体化和综合竞争力的提升仅靠部分头部高校的较为松散的联盟是不够的，未来成渝地区双城经济圈需要借鉴国内外发达城市群的经验，根据不同高校的优势和特色，扶持成立研究型大学、应用型大学、民办高校、高等职业教育等各类高校联盟以及新商科、新工科等专业性大学联盟，只有充分和广泛地调动成渝地区各级各类高校的力量，才能真正提升成渝地区双城经济圈高等教育的综合竞争力。

第二，优化成渝地区高等教育资源布局。本书研究发现，成渝地区双城经济圈高等教育资源呈现向"双核"高度集聚的分布特征，该地区有超过15%的城市没有本科高校，约25%的城市没有公办本科高校，也有超过一半的城市没有民办高校。由于高等教育发展与地区经济增长之间相辅相成的关系，高等教育资源分布的不平衡很可能使得落后地区陷入高等教育资源不足和经济增长乏力的恶性循环。因此，要破解成渝地区双城经济圈后发地区的经济发展落后和智力资源不足的困境，一方面需要上一级教育部门和地方政府善用行政干预的手段，通过对公办高校资源分布的引导和民办高校办学环境的优化来调节和改善高校资源在成渝地区双城经济圈内分布不均的现状；同时通过政策优惠，大力扶持民办院校和专科院校的发展，以弥补公办高校不足所带来的高等教育资源缺失。另一方面，应通过政策优惠鼓励和吸引城市群内外高等院校在高等教育资源相对不足的地区设立分校或研究机构，大力支持高等院校和科研机构向经济增长和高等教育发展潜力较大的区域性中心城市布局，从顶层设计和区域分布规划方面推动成渝地区双城经济圈高等教育一体化建设。

第三，加强成渝地区一流高校培育和高素质拔尖创新人才的培养。从本书的研究可以看出，成渝地区双城经济圈虽然有较为丰富的高校资源，但是高水平高层次的高等教育资源的数量与国内发达城市群尚存在较大差距，甚至与东北地区和西北地区相比也没有明显的优势，这是成渝地区双城经济圈高等教育发展方面的一个重要短板。高等教育一体化的核心是人才培养模式的革新，为了补齐成渝地区双城经济圈在高层次高等教育资源和拔尖人才培养方面的短板，政府应该推动建立高水平研究型大学联盟，进一步加强成渝地区高校与国内外高水平大学和研究机构的合作，同时支持和培养在部分领域具有高层次和高素质拔尖人才培养能力的专业型高校，培育足够数量的"双一流"建设高校和学科以支撑成渝地区双城经济圈高质量发展对高素质拔尖创新人才的大量需求。

第四，推动成渝地区高等教育数字化转型。当前，新一轮信息技术的迅猛发展正孕育着一场空前的产业革命，对于成渝地区双城经济圈内的各级各类高校而言，其现有的学科结构与新一轮产业技术革命交叉融合是必然的趋势。尤其是对于高等教育资源相对靠后的地区来说，日新月异的数字化技术极大地改变了高等教育资源的共享方式，这也为后发地区提供了更好的追赶机会。因此，政府应该大力支持成渝地区双城经济圈高校顺应数字化发展大趋势，坚持开放办学，推动传统的人才培养、科学研究和办学合作模式的数字化转型；积极鼓励和支持高校与国外高水平大学开展中外合作办学；支持成渝地区高校与国内外一流高校和科研机构在成渝地区合作建设研究院和研发中心；建设国际合作教育园区，支持引进境外优质教育机构在成渝自由贸易试验区内设立职业培训和职业教育机构，提升成渝地区高等教育的综合竞争力。

第八章　成渝地区双城经济圈人才协同发展的实现路径

一、明确人才协同发展重点任务

第一，明确成渝地区人才协同发展目标。相关部门尽快出台《成渝地区双城经济圈人才协同发展规划》，共同争取改革试点，将双城经济圈人才协同发展纳入新一轮国家中长期人才发展规划；按照"双城、双圈、两翼"的思路，突出优势、彰显特色，打造成渝地区人才协同发展共同体，形成"双城引领，双圈互动，两翼协同"的人才协同发展空间布局，充分带动成渝地区各区域、各领域人才整体协同发展，为成渝地区双城经济圈建设成为具有全国影响力的重要经济中心、科技创新中心、改革开放新高地、高品质生活宜居地提供人才支撑。

第二，打造成渝地区人才发展新高地。完善成渝地区人才评价体系互通机制，推动两地职称资格、技能等级、人才计划等分级互认，促进人才资源双向流动，实现高端人才智库和数据平台共建共享；实施专业人才双向帮扶，联合组建多元化的人才帮扶服务团，选派专业技术人才到基层地区开展专业咨询、技术指导和创业培育等活动；促进高校专业人才与企业合作共享，联合开展技术攻关和人才协同培养；建立成渝地区协同创新人才交流合作和创新人才公共服务平台，共同建设高端人才集聚区、产才融合发展示范区、青年人才荟萃区等高端人才发展平台，打造成渝地区人才发展新高地，形成成渝地区人才发展新格局。

第三，创新成渝地区人才协同发展机制。按照政府引导、市场主导、社会参与的原则，着力构建科学有效的政府引导，规范有序的市场主导和灵活多样的社会参与的人才政策框架，建立完善的成渝地区双城经济圈人才政策统筹协调机制、人才工作梯次推进机制、人才多元投入机制，人才评估监测机制和人才表彰激励机制。完善成渝人才协同发展联席会议工作制度和成渝重大人才政策会商机制，共同做好人才协同发展顶层设计，加强人才政策对接，清单式推动各项工作落地落实。按照重点领域、重点区域分层分级梯次推进思路，双核引领带动重点领域和重点区域人才协同发展，示范带动成渝全域人才全面协同合作。引导社会力量参与，共同加大人才发展投入，探索设立"成渝地区双城经济圈人才创新创业投资基金"，加大创新创业人才发展支持力度。共同建立人才协同发展监测、评估、考核机制，定期发布成渝地区人才发展指数，委托第三方专业机构对人才协同落实情况进行跟踪评估。落实人才表彰激励机制，探索设立成渝人才合作贡献奖，定期评选表彰一批为成渝地区双城经济圈人才协同发展做出突出贡献的先进个人或单位，加大对先进典型的宣传力度，在全社会形成推动人才协同发展的浓厚氛围。

第四，打造成渝地区人才发展新引擎。大力引进高水平科技创新人才，深化科技创新体制改革，完善创新激励政策体系，打造成渝人才发展新引擎。创新人才管理制度，实施有吸引力的人才政策，设立长期、灵活、有吸引力的人才岗位，强化外引内培，培育和支持高水平创新人才队伍发展。深入推进职务科技成果所有权或长期使用权改革试点，探索高校和科研院所职务科技成果国有资产管理新模式，深化科研单位项目资金管理制度改革，允许科研资金跨省（市）使用，探索建立成渝两地人才异地同享机制。健全创新激励政策体系，加大对引进高水平研发机构和先进科技成果的支持力度。运用多种政策手段激励企业加大研发投入，促进和支持企业技术改造和新技术应用，支持通过股权与债权相结合等方式，为企业创新活动提供融资服务。

第五，开拓区域人才协同发展的新示范。以重庆和成都双核为引领，两圈、两翼协同合作，先行先试，勇于创新，从人才引进、人才培养、人才服务、人才发展、人才使用等方面促进人才资源全方位合作共享，构建成渝人才一体化发展共同体。探索设立一批人才管理改革试验区，围绕试验区开展人才管理体制机制试点改革，开展成渝地区双城经济圈人才政策先行先试。发挥区域优势，推动重庆和成都双核与周边区域人才智力资源深度共享，以渝东北、川东北地区一体化发展和川南、渝西地区融合发展为战略契机，打造一批成渝地区双城经济圈人才协同发展示范区，在人才评价、人才引进和人才激励机制等方面深化创新，优化人才生存生态，树立区域人才协同发展新样板。

二、强化人才招引，实现人才快速集聚

第一，实施协同引才品牌建设专项。打造统一的高端引才品牌"川渝

213

人才峰会",协同举办海科会、英才大会等重要引才活动,形成招才引智品牌合力。以"川渝英才"整合"重庆英才""蓉漂人才"等地域性标志品牌,统揽重点人才工程、重大人才活动和重要服务载体,提升品牌显示度和影响力。同时,联合举办智博会、西洽会、中新金融峰会等重大活动,在这些活动中引入引才品牌和元素,开展高端人才论坛、人才专场招聘等活动,扩大川渝地区引才专项活动的影响力。

第二,实施协同聚才平台建设专项。一是推进"一城多园"模式合作共建西部科学城,建立成渝地区国际科技合作基地联盟,在全球范围汇聚一批前沿领域高端人才。实施科创走廊人才集聚计划,依托共建成渝科创走廊,支持引进一批创新人才、团队和企业落户川渝地区。二是共建高端平台。联合争取成渝地区双城经济圈国家实验室、国家重点实验室和大科学装置的布局和建设,积极争取在网络空间安全、长江流域生态等领域创建国家实验室,在大数据、人工智能、集成电路、装备制造、高科技材料等领域布局国家产业创新中心、国家制造业创新中心,推进西部医学中心建设,联合创建国家人工智能产教融合创新平台、国家产教融合研究生联合培养基地。争取国内外知名高校和研究机构落户。三是推动成渝地区核心城市建设 TOD 国际人才枢纽,打造"创新共同体",构建"总部+基地""研发+制造"的产业互动和智力共享机制。

第三,实施海外人才招揽专项。两地相关部门共享海外人才招引资源,联合开展海外引才招才活动,加强成渝地区双城经济圈科技人才协同创新。支持区域内有条件的高校、科研院所、企业以联盟形式实施"走出去"战略,在海外建立办学、研发、离岸孵化机构,联合开展海外人才培育与招聘，吸引使用当地优秀人才。建设成渝地区双城经济圈海外人才引进与服务公共服务平台，推行外国人工作、居留证件及各类手续办理的并联模式，共同制定外籍人才分类管理服务标准，畅通外籍华人申请在华永久居留渠道与机制，探索建立成渝地区外国高端人才办理外国人工作许可证的互认制度，力争实现一地办理，多地互认。

三、共享人才使用，提升人才价值

第一，探索人才多元合作与共享使用。共建成渝地区双城经济圈高层次人才大数据库，建立一地引进、多地使用的智力资源引进协调机制，成渝地区专家资源和引智成果实现共引共享。联合实施国家级人才引育专项行动，精准对接国家重大人才工程共同争取国家人才支持项目，联合开展国家级高级专家培养、引进及共享使用。综合推进省（市）、地区、校校、企企、校企等层面人才合作，组建高校、院所、产业等人才发展联盟，发挥科协、侨联、智库等各类组织作用，鼓励和支持区域内开展宽领域、立体式、项目化人才合作。

第二，推动科技人才协同创新。落实成渝地区科技创新合作计划，联合开展技术攻关，参与实施国家重大科技任务，联合申报航空发动机、网络空间安全等科技创新重大项目。以领域、产业为单位共建科技创新团队，相互开放科技创新基地平台和大型科研仪器设备、科技文献。鼓励区域内高校、科研院所、企业共同参与国际大科学计划和大科学工程。

第三，加强人才互派交流。建立与完善党政人才、科技创新人才、企业经营管理人才、专业技术人才交流和挂职锻炼制度，加强双城经济圈内各地、各部门、各产业之间的人才互派与交流合作。扩大党政机关和国有企事业单位领导人员跨地区、跨部门交流任职范围，推进党政机关重要岗位干部定期交流、轮岗。每年互派优秀年轻干部挂职、教师和医生互访、工程师交流学习等，争取全国选派的优秀年轻干部到成渝地区双城经济圈挂职任职，共同选送干部人才到中央国家部委、高校、医疗机构、科研院所、大型企业和东部发达地区锻炼。

第四，实施人才智力精准帮扶。促进重庆都市圈和成都都市圈人才资源同周边地区和两翼地区有效对接，支持成渝地区双城经济圈"双圈"周边地区和两翼地区急需紧缺产业、特殊行业开展人才柔性开发计划，探索"互联网+"人才共享使用创新。实施边远地区人才智力共享专项，搭建"双城—双圈—两翼""大中城市—小城市—县城"专家企业对接平台，鼓励高层次人才加入专家服务团，实施高端人才帮扶服务积分制，通过积极、灵活的人才兼职兼薪、多点执业、经济补贴、职级晋升倾斜等政策措施，吸引各类高层次人才到艰苦边远地区服务，畅通专家资源服务边远地区通道。

四、转变人才理念，重塑人才评价

第一，树立人才协同发展理念，营造协同发展氛围。树立"人才为本、人才优先"理念。倡导人才价值评价多元化，积极推进人才发展体制机制改革。树立"人各有才、人尽其才"理念。针对不同类型、不同层次的人才制定具体化、普惠性举措，形成重点突出、层次分明、覆盖广泛、务实管用的人才政策体系。树立"不求所有、但求所用"理念。完善柔性引才引智机制，敢于打破区域限制、身份限制，努力吸引各类人才为我所用、用当其时。

216

第二，建立区域一体化人才评价标准。以创新能力、质量、贡献为导向构建标准统一、程序一致、管理协同的人才评价体系。科学化、社会化的人才分类评价体系和发现机制，解决"一刀切"问题，破除"五唯"等不良导向。注重评价学术道德水平、研发成果原创性、成果转化效益、科技服务满意度以及相关人员的贡献等。

第三，建立区域人才评价互动互认机制。推动人才计划、职称资格、技能等级分级互认。在评价标准、审批流程、证照发制、服务规范等政策方面推进协同化探索，促进两地职称制度、用人制度、继续教育制度有效衔接，实现成渝两地人才职称、技能人才资格互认，促进人才流动与人才资源的互认共享。

第四，完善区域人才协同评价方式。积极探索"重庆评、四川用""四川评、重庆用"等人才互评互用机制，推进人力资源区域协同、领域协同、层次协同、链条协同、力量协同。合理下放人才评价权限，实现人才评价与用人单位评价有机结合，推动具备条件的高校、科研院所、医院、文化机构、大型企业、国家（省）实验室、新型研发机构及其他人才智力密集单位自主开展评价工作。建立以同行评价为基础的业内评价机制，注重个人评价与团队评价的有效结合，完善人才创新团队评价办法。

五、完善人才服务，优化人才生态

第一，完善区域一体化人才公共服务标准。制定区域统一的人才公共服务行业标准，推行标准化服务，建立统一规范的功能项目标准、平台建设标准、客户服务标准和行业视觉标准，建立健全一体化服务机制。

第二，建立区域协同的人才公共服务平台。通过统一服务项目，规范服务标准，逐步形成服务标准统一、互联互通的人才公共服务网络平台。创新服务形式，不断完善服务功能，建立健全人才公共服务大厅和网上人才公共服务平台，努力推进服务的标准化、自动化和信息化；大力倡导"一站式""一单式""一条龙"服务，积极推进人才公共服务进校园、进企业、进项目。

第三，共建共享区域人才市场服务资源。推进人才资格互认、人才市场准入、人才统计标准、人才服务保障等方面贯通，组建区域人力资源服务产业园联盟，促进区域人才合理布局、有序流动。

第四，协同构建"近悦远来"人才生态。深入贯彻习近平总书记关于人才建设的指示要求，营造好"敬才爱才、见贤思齐"的社会环境，公正平等、竞争择优的制度环境，鼓励创新、宽容失误的工作环境，待遇适当、无后顾之忧的生活环境，公平有序、高效便捷的营商环境。

六、促进产才融合，完善人才平台

第一，打造高质量人才平台。以重庆科学城、成都科学城等高端科技创新平台为重点，推动两江新区、重庆高新区、天府新区、成都高新区深度合作，筑牢人才发展平台，以高质量的人才平台筑巢引凤，吸引人才。

第二，全面深化产才融合。围绕成渝地区整体布局，打造一批重点产业和产业集群，建设各具特色、优势互补的产业体系，全面深化产才融合，以产业优势集群为人才协同发展构筑坚实基础。建设产才融合示范平台。出台专项产业人才支持措施，协同制定产才融合专项支持政策，共同实施产业人才集聚计划，围绕全产业链布局人才链，推动产业与人才深度融合，协同打造一批产才融合示范平台。

第三，布局新产业人才增长点。积极布局完善新一代信息基础设施，合力打造数字产业新高地，推进先进制造业与服务业融合发展，推动军民融合产业发展，抢抓新兴产业发展机遇，形成新的人才增长点。出台智能网联新能源汽车、高端电子、高端装备、新材料、生物技术等产业集群人才支持措施，集聚百万产业人才大军，推动打造万亿级特色产业集群。探索设立西部证券交易所、全国性股份制商业银行等，加快金融产业人才集聚，推动建设西部金融中心。

第四，加强成渝两地产业人才合作交流。成渝两地共同成立成渝地区双城经济圈产业人才交流合作中心，负责推进两地产业人才合作、产业人才交流、产业人才平台运营等工作，实现成渝两地产业人才充分流动，全面合作。

七、建立人才协同发展保障机制

第一，建立统筹协调机制。建立成渝地区人才协同发展联席会议工作制度，成立由川渝两地党委组织部牵头、相关部门共同参与的人才协同发展领导小组，建立两省市重大人才政策出台前会商机制，共同做好人才协同发展顶层设计，清单式推动各项工作落地落实，共同构建成渝地区双城经济圈人才协同发展政策体系。积极争取中办、中组部、人社部、科技部等在双城经济圈先试先行区域人才一体化政策；清理不适应双城经济圈整体战略的地方性人才政策法规"负面清单"并逐步清减。明确成渝两地部门职能，细化分解任务，明晰责任主体，配齐工作力量，将成渝地区双城经济圈人才一体化发展列入相关职能部门考核内容，共同推动重大任务、重点工程落地。

第二，构建梯次推进机制。按照重点领域、重点区域分层分级推进思路，率先抓成渝"双核"人才协同发展，引领带动教育、科技、农业、军民融合等重点领域人才协同发展，示范带动成渝两地高校、科研院所、园区、企业等层面开展人才全面合作。推动重庆、成都都市圈相向发展，互动围绕重庆主城和成都形成人才高地，带动中心城市周边地市和区县人才集聚，强化重庆都市圈和成都都市圈的人才互动。优先推动重庆高新区和成都高新区共建具有全国影响力的科技创新中心。梯次推动重庆中心城区与渝西地区人才协同发展。支持遂宁与潼南、资阳与大足等探索一体规划、成本共担、利益共享的人才协同发展模式。为了更有效地吸引高端人才和急需人才，推动渝东北和川东北地区、川南和渝西地区"抱团引才"，树立资源共享与合作共赢的理念、完善多元主体的协同机制、建立全方位的协作机制、明晰责任分担和利益补偿机制，以达到区域人才协作开发的最佳效果。

第三，完善多元投入机制。以开放共享理念构建基于"政府-社会-市场"三位一体的人才多元投入机制，形成政府政策引导、行业专业指导和市场主体竞争主导的区域人才合作新格局。川渝两地政府加强人才发展投入，优先保证成渝地区双城经济圈人才协同发展重点任务、重大工程的资金需求。探索联合设立成渝地区双城经济圈"人才创新创业投资基金"，构建"投、贷、贴、补"综合金融支撑体系，研究完善财政投入支持、贷款贴息、质押融资等方面的政策措施，加强创新创业人才支持力度，形成合理的人才投入回报机制。在成渝地区双城经济圈重大项目、重大工程、重点产业发展建设资金中专列人才开发资金，提高项目建设中人才资源开发经费提取比例。扩大成渝地区双城经济圈人才资源开发专项资金规模，用于高层次人才培养、紧缺人才引进、杰出人才奖励和重点人才项目建设。重视发挥市场在区域人才协同中的主导作用，推进川渝两地人才要素流通市场一体化改革，建立规范、统一、高效的人力资源市场体系，鼓励行业协会、企业主体建立以市场应用、市场选择为导向的人才使用和合作共享机制。建立以产业为导向、企业为主体、法治化、符合国际规范的人才竞合机制，推动成渝地区双城经济圈各地人才优势互补、错位发展。引导行业协会、市场主体、社会组织等加大对人才协同发展的资金投入。建立跨区域合作利益分配机制和激励机制，优化人才资源在区域内合理配置。建立灵活多样的社会参与机制。引导各人民团体、各民主党派及无党派人士等各方面社会力量，积极参与京津冀人才一体化发展。鼓励发展高端人才猎头等专业服务机构，在全球范围内为京津冀猎取人才。积极培育各类人才中介服务机构，为区域内人才提供个性化和多样化服务。探索建立跨区域人才社会组织联动机制，搭建人才合作交流平台。建立区域高端人才参政议政机制，畅通人才建言献策渠道。

第四，健全评估监测机制。制定成渝地区双城经济圈人才一体化发展规划实施推进方案，明确实施路径和时间要求，务求各项任务按时保质保量完成。共同建立人才协同发展监测、评估、考核机制，定期发布成渝地区人才发展指数，委托第三方专业机构对各主要城市人才协同落实情况进行跟踪评估，将评估结果作为人才工作目标考核的重要依据。

第五，落实表彰激励机制。探索设立川渝地区人才合作贡献奖，定期评选表彰一批为成渝地区双城经济圈人才协同发展做出突出贡献的先进个人或单位，加强对高层次人才的精神激励，赋予与人才贡献相匹配的荣誉表彰、建言献策奖等。加大对先进典型的宣传力度，在全社会形成推动人才协同发展的浓厚氛围。加大创新创业人才及团队的激励力度。实行科研人员收入与工作业绩、实际贡献相挂钩的政策，通过加大绩效工资分配激励力度、落实科研成果性收入等激励措施，给予创新人才更高的科技成果转化收益或更多的财物支配权、决定权，以市场价值回报人才价值。给予创新人才形式多样的平台支持，对于优秀拔尖、突出贡献人才提供优先培养、优先推荐、优先晋升的发展平台激励。

第九章　成渝地区双城经济圈人才协同发展的项目建议

一、招才引智品牌建设工程

联合开展成渝地区双城经济圈人才招引品牌策划和宣传推介，统一标识，强化认知，共同展示与推介区域人才协同发展成果、原始创新成果、重大科技成果转化项目、人才招引政策，深化成渝地区双城经济圈人才服务品牌效应，提升区域整体形象和人才延揽吸引力。以"成渝地区双城经济圈人才峰会"协同重庆英才大会、中国西部海外高新科技人才洽谈会、"蓉漂人才日"等重大引才活动，协同"重庆英才""蓉漂人才"等地域性人才品牌，提升成渝地区双城经济圈人才品牌价值与国际影响力，探索重点人才工程、重大项目和重大活动载体一体化发展。联合举办智博会、西洽会、中新金融峰会等重大活动，引入引才品牌和元素，共同举办区域人才协同发展高峰论坛，争取共同承办"世界青年科学家峰会"等国际性会议活动，开展高端人才论坛、人才专场招聘等活动，扩大川渝地区引才专项的影响力。共同举办全国和区域性重要的创新创业竞赛、职业技能大赛等赛事活动，打造活跃的创新创业氛围，吸引全球行业领军人才与青年创新人才。到 2025 年形成成渝地区双城经济圈招才引智的地域性标志品牌，初步实现成渝地区双城经济圈人才招引品牌一体化、人才评价一致化、人才政策协同化、人才服务并联化，使川渝人才在全国具有重要影响力与竞争力。

二、协同聚才平台建设工程

支持川渝深化与名校名院名企战略合作，鼓励国内知名高校、研究机构和大型企业在成渝地区双城经济圈设立分支机构和研究平台，与发达地区城市群、都市圈共建"飞地园区"；强化区域内省校、市校战略合作，支持成渝地区高校、医院、科研院所、企业等组建人才发展联盟，开展以科研协作、办学合作等为载体的人才智力协作；支持发展高水平研究型大学，鼓励跨地域、跨高校、跨学科建设研究平台和研究团队，联动推进成渝地区双城经济圈高校"双一流"建设。共同争取国家重大科技项目、大科学装置和国家实验室、国家实验室重大基地等落地，在突出优势产业领域布局国家产业创新中心、国家制造业创新中心，推进西部医学中心建设，联手开展跨区域、跨学科、跨领域协同攻关，为高层次人才及团队进得来、留得住提供厚实的平台支撑及创新生态。实施西部科学城、成渝科创走廊、内陆自贸港人才集聚专项，集中布局建设若干重大科技基础设施、科教基础设施和一批企业博士后工作站，强化各类科技园区汇聚人才作用，强化产业链、创新链与人才链协同，形成"基础研究人才—技术创新人才—产业转化人才"全链条人才体系。到 2025 年联合新建大科学装置、国家实验室、国家重点实验室、国家工程技术中心等重大科研平台

30～50个，新增落地"双一流"高校及国家级科研院所10个，获批综合性国家科学中心，初步建成一批具有全球竞争力的引才聚才育才用才平台，建成西部最大的基础研究和原始创新人才集群。

三、海外高端人才招揽专项

由川渝两地人才工作领导小组办公室牵头，宣传、教育、科技、人力社保、卫生计生、外事、侨务、文化等部门配合，联合开展海外宣介活动，展示成渝地区双城经济圈历史文化、产业发展、建设成果和人才政策等优势资源。编制发布《成渝地区双城经济圈海外招引高层次人才参考目录》，协同青年海归高层次人才引进及共享政策，共建川渝籍在外高端人才数据库与海外高层次人才数据库，共享海外人才招引资源，定期组团开展海外引才活动。鼓励成渝地区大学面向全球招生，支持有条件的高校、科研院所、企业以联盟形式共建海外人才离岸创新创业基地和海外人才工作站，通过"圈内注册、海外孵化、全球运营"柔性汇聚海外优秀人才。推动成渝地区双城经济圈海外引进人才公共服务一体化，推行外国人工作、居留证件及各类手续办理的并联模式，共同制定外籍人才分类管理服务标准，畅通外籍华人申请在华永久居留渠道与机制，建立成渝地区外国高端人才办理外国人工作许可证的互认制度。到2025年，成渝两地联合引进海外人才2 000人以上，建成海外人才联合创新创业基地或海外人才工作站20个，面向全球招生试点高校10个，海外高端人才工作及居住等手续并网联办，集聚形成一批关键领域、支柱产业、重大平台、重点学科发展需要的海外高层次人才队伍。

四、人才服务共享专项

聚焦人才要素集聚和人才发展，协同制定成渝地区双城经济圈人才公共服务共建共享专项支持政策，推动实施一批人才服务共享项目。推动公共服务共建共享。建立高端人才服务共享机制，推动重庆英才卡、四川天府英才卡互认，在户籍迁移、安居置业、创业扶持、市场开发等方面实现对等共享，社会保险互联互通，交通出行、教育医疗资源合理共享。推动平台资源双向开放。推进成渝两地科技平台、文献专利等科技资源互相开放，科技创新券通用通兑。实现市场服务双向贯通。组建成渝地区人力资源服务产业园联盟，加快建设中国（成都）人力资源服务产业园、中国（绵阳）科技城人力资源服务产业园，大力引进培育高端猎头机构，共同打造区域人力资源服务特色品牌，实现基本业务异地通办。试点在遂潼川渝毗邻地区一体化发展先行区建立"人才工作站、人力资源和社会保障局服务站、人力资源市场服务区"等"两站一服务区"，着力构建市（区）、园区和企业服务人才的三级网络，解决服务人才最后一公里问题。到2025年，形成区域人力资源服务特色品牌，实现成渝地区双城经济圈人才服务对等共享。

五、人才生态优化专项

由川渝两地人才工作领导小组办公室统筹所有配套政策和经费管理，整合优势资源，集成政策效应，优化人才生态、激发创新活力。健全高层次人才引进政策，加大高技能、基础性、乡土人才引进培育，加大紧缺专业人才引进力度。围绕高品质生活宜居地建设，发挥成渝区域战略、生态、产业、生活成本等优势，以"高品质生活"为核心，将重庆和成都打造成为全国人才向往的宜居生活地。以分配制度改革为突破口，深化科技成果使用权、处置权、收益权"三权改革"，开展赋予科研人员职务科技成果所有权或长期使用权试点，建立科研人员股权激励制度，健全国有企业经营管理人员中长期激励机制。开辟人才引进"绿色通道"，对急需引进的专业人才，围绕其家属安置、子女就学、房屋居住等后顾之忧问题，实施"一人一策、特事特办"的优质服务。深入实施人才安居工程，筹建人才公寓和人才定向租赁住房，建立集量身定制、人才公寓、租赁住房、青年人才驿站于一体的人才住房保障体系。以两江新区、天府新区、中国西部科学城等区域为重点，集聚配置各类人才的高品质居住、高质量医疗、国际化教育等资源。建设成渝地区双城经济圈人才云平台，优化"一网通办"便捷服务。加强宣传引导，基于好政策、好平台、好生态，集聚各类人才筑梦双城、智汇成渝。到 2025 年，区域内人才生活品质显著提升，基本形成"近悦远来"人才生态环境。

六、"产业英才"协同攻坚专项

由成渝两地经信、商务、农业农村等部门牵头，围绕重点产业发展和产业集群，协同制定产才融合专项支持政策，共同实施产业人才集聚计划，聚力打造一批产才融合协同发展示范区。以全球新一轮科技革命和产业链重塑为契机，围绕具有全国影响力的重要经济中心、科技创新中心、改革开放高地、高品质生活宜居地战略定位，依托川渝自贸试验区协同开放示范区、国际消费中心城市和内陆国际金融中心建设，积极布局智能网联、新能源、航空航天、轨道交通、汽摩制造、健康食品、特色轻工、先进材料、生物医药等重点产业，支持在网络空间安全、长江流域生态等领域创建国家实验室以及国家实验室重大基地，在大数据、人工智能、集成电路、装备制造、高科技材料等领域布局国家产业创新中心、国家制造业创新中心，推进西部医学中心建设，打造世界级装备制造产业集群、特色消费产业集群和西部大健康产业基地，全面深化产才融合，出台专项产业人才支持措施，协同制定产才融合专项支持政策，共同实施产业人才集聚计划。围绕全产业链布局人才链，推动产业与人才深度融合，协同打造一批产才融合发展示范平台。力争到 2025 年，基本构建起与成渝地区双城经济圈经济体量相匹配的产业人才规模。

七、"技能英才"协同培养专项

由成渝两地教育和人社部门牵头，深化成渝高校、科研院所和企业战略合作，建设成渝地区双城经济圈院校联盟以及电子信息、装备制造、先进材料、消费行业等重点产业联盟，推进校企合作、产教融合，促进产业人才联合培养。建设一批职业院校联合体和校企联合体，推动建立跨区域职业教育集团，共建川渝技工教育联盟，联合举办区域性职业技能赛事，实现职业教育资源优势互补、实训基地共用共享。由成渝两地国资委牵头组建成渝地区双城经济圈科技创新人才交流中心，在重点行业领域探索高级专业技术人才和高技能人才的资格、职称共评互认以及科技创新人才评价标准、引进培养、共享使用、人才服务一体化，加强区域专业技能人才合理流动。与中央部委加强合作，通过"西部之光"访问学者选派更多专业技术人才到中央部委和东部地区科研院所研修学习。拓宽"三峡之光"访问学者项目覆盖范围和培养渠道，选送专业技术人才到知名高校院所研修访问。到 2025 年，形成成渝地区专业技能人才协同共享、合理流动的局面，两地专业技能人才力争实现全面共享，技能人才总量和高技能人才数量在中西部处于领先地位。

八、"青年英才"协同培育专项

由成渝两地教育、组织、共青团部门牵头，协同吸引和培育优秀青年人才落户成渝两地，建设成渝两地。努力营造"崇尚创新、鼓励创业、宽容失败"的政策氛围，打造成渝两地高校人才培养联盟，建设一批现代产业学院、创新创业学院，支持青年人才创新创业；联合举办"互联网+""挑战杯"等国家级赛事，打造"成渝大学生创新创业大赛"等区域性赛事品牌；打造一批大学生创新创业基地，协同开展"海内外知名高校大学生成渝感知行""大学生成渝企业感知行""青年大学生成渝求职直通车""成渝城市超级实习生"等活动；通过"先落户后就业"吸引全国高校毕业生落户成渝。拓宽青年干部人才交流培养渠道，两地组织部门牵头，与其他地区政府部门、高校院所、企事业单位合作，加强青年干部人才交流培养，着力培养一批青年干部人才。扩大成渝地区双城经济圈干部人才对外交流培养，选派一批产业发展急需的优秀干部人才到企事业单位一线挂职任职；选送一批成渝地区青年干部人才到中央部委、高校院所、企事业单位交流锻炼；深化与东部沿海地区人才交流互动，与东部沿海城市产业合作建立人才交流结对关系，选派成渝干部人才赴东部沿海地区交流学习；加强与国际国内组织和部门合作，建立向重要国际组织推送成渝地区双城经济圈优秀人才的通道。到2025年，人才交流培育渠道全面拓宽，使成渝地区双城经济圈成为全国青年人才向往之地，青年创新创业人才规模西部领先。

九、"科创英才"新高地建设专项

由成渝两地发改委和科技局牵头，会同工信、科研院所和高校等部门，围绕成渝地区具有全国影响力的科技创新中心建设，实施创新驱动发展战略，两地协同发力，形成政策合力，构筑人才科技创新高地。聚焦国家科技创新中心建设需求，协同谋划创建国家实验室、国家产业创新中心、国家技术创新中心、国家制造业创新中心、综合性国家科学中心，以及大科学装置和国家重点实验室，引进培育新型研发机构，重点汇聚一批基础科学、前沿技术、高端服务等领域的领军人才；引进国内高端人才到成渝地区双城经济圈引领建设国家级创新平台和重大科技基础设施；发展高水平研究型大学，支持成渝地区"双一流"高校建设和培育，鼓励跨地域、跨高校、跨学科建设研究平台和研究团队，联合开展技术攻关；推进重庆科学城、成都科学城和中国（绵阳）科技城建设，争创西部首个"综合性国家科学中心"和"综合类国家技术创新中心"，构筑集聚国内外优秀人才的科研创新高地。力争到2025年，成渝地区双城经济圈科技创新能力全面提升，形成西部最大的基础研究和原始创新人才集群，初步建成具有全国影响力的综合性国家科学中心。

十、"共享未来"人才智力帮扶专项

由成渝两地组织、人社、教育、共青团等部门合作，加强区域内人才合理流动，协同实施艰苦边远地区人才智力共享和帮扶工程。以三峡库区、重庆武陵山区和四川边远地区作为重点支持对象，并协调国家有关部委，加强对"三区"及其他艰苦边远地区人才政策支持和人才帮扶力度，以促进推动教育医疗基本公共服务均等化为重点，建立教育联合体和医疗共同体。创新基层教师管理制度，深化义务教育阶段教师"县管校聘"管理改革，鼓励招募优秀退休教师到乡村和基层学校支教讲学，提高基层教

师补助标准，职称评审和特级教师名额分配向农村薄弱学校倾斜；加快基层医疗卫生机构标准化建设，提高医护人员专业技术水平，在职称晋升等方面向农村基层卫生技术人员适度倾斜，推动对符合条件的全科医生实行"多管村用"；通过实施"专业人才进基层""暑假教师""周末专家"等一系列引智活动，增强对基层、乡村和边远地区的人才智力支持和帮扶。到 2025 年，成渝地区人才对口帮扶全面有序展开，基本实现成渝双城与非核心区域人才智力共享。

参考文献

[1] 鲍建强. 乡村特色产品品牌化: 企业与顾客、政府协同战略 [J]. 中南民族大学学报 (人文社会科学版), 2022, 42 (11): 97-104, 185.

[2] 曹薇, 董文婷. 政府竞争行为对区域人才流动的影响机制研究: 区域对外开放的中介效应 [J]. 科技进步与对策, 2022, 39 (11): 42-51.

[3] 曾刚, 曹贤忠, 朱贻文. 长江经济带城市协同发展格局与前景 [J]. 长江流域资源与环境, 2022, 31 (8): 1685-1693.

[4] 曾建丽, 刘兵, 张跃胜. 中国区域科技人才集聚与创新环境协同度评价研究: 基于速度状态与速度趋势动态视角 [J]. 大连理工大学学报 (社会科学版), 2022, 43 (1): 50-59.

[5] 柴干, 郭建华. 新型交叉学科工程人才培养的协同模式探究 [J]. 东南大学学报 (哲学社会科学版), 2019, 21 (2): 137-141.

[6] 陈浩, 罗力菲. 区域协同发展政策对要素流动与配置的影响: 京津冀例证 [J]. 改革, 2023 (5): 105-123.

[7] 陈杰, 刘佐菁, 苏榕. 粤港澳大湾区人才协同发展机制研究: 基于粤港澳人才合作示范区的经验推广 [J]. 科技管理研究, 2019, 39

（4）：114-120.

［8］陈俊杰，钟昌标.融资模式、人力资本结构与区域创新［J］.统计与决策，2022，38（12）：150-153.

［9］陈朋亲，毛艳华.澳门与珠海机场合作研究：基于旅客行为选择视角［J］.暨南学报（哲学社会科学版），2022，44（5）：56-68.

［10］陈涛，唐教成.高等教育如何推动成渝地区双城经济圈发展：高等教育集群建设的基础、目标与路径［J］.重庆高教研究，2020，8（4）：40-57.

［11］谌晓芹，张放平.欧洲高等教育一体化改革特征及启示［J］.邵阳学院学报（社会科学版），2016，15（1）：114-120.

［12］谌晓芹.欧洲高等教育一体化改革：博洛尼亚进程的结构与过程分析［J］.高等教育研究，2012，33（6）：92-100.

［13］程明，肖华锋，花为 等.工程学科研究生"四协同"拔尖人才培养模式与实践［J］.学位与研究生教育，2020（10）：11-15.

［14］单良，宋关东.区域人力资源开发与经济发展的时空耦合分析：以环渤海地区为例［J］.人口学刊，2016，38（4）：103-112.

［15］董翔宇，赵守国，王忠民.从人口红利到人力资本红利：基于新经济生产方式的考量［J］.云南财经大学学报，2020，36（2）：3-11.

［16］董亚宁，顾芸，杨开忠.公共服务、人才资源空间重配与创新增长差异：基于新空间经济学的研究［J］.西南民族大学学报（人文社科版），2020，41（6）：108-118.

［17］范海玉，李汶卓.京津冀交通一体化绿色发展的契机、困境与进

路 [J]. 河北学刊, 2022, 42 (6): 141-148.

[18] 黄学贤, 刘益浒. 区域性组织事权的法治进路: 以长三角区域合作为视角 [J]. 江苏行政学院学报, 2022 (5): 119-126.

[19] 林坚, 赵晔. 国土空间治理与央地协同: 基于"区域—要素"统筹的视角 [J]. 中国人民大学学报, 2022, 36 (5): 36-48.

[20] 庞伟, 孙玉栋. 地方政府财政支出的结构偏异: 基于跨界公共事务的视角 [J]. 经济理论与经济管理, 2022, 42 (6): 33-49.

[21] 肖克, 谢琦. 跨部门协同的治理叙事、中国适用性及理论完善 [J]. 行政论坛, 2021, 28 (6): 51-57.

[22] 李金龙, 余鸿达. 区域公共服务中的政府部门主义问题研究 [J]. 中国行政管理, 2010 (5): 53-57.

[23] 刘晓峰, 刘祖云. 区域公共品供给中的地方政府合作: 角色定位与制度安排 [J]. 贵州社会科学, 2011 (1): 43-47.

[24] 封铁英, 胡毓群. 区域养老服务政策协同测度、演变及其均等化效应: 以长三角为例 [J/OL]. 北京工业大学学报 (社会科学版): 1-16 [2023-08-18]. http:/kns.cnki.net/kcms/detail///.4558G.20230116.1546.006.html.

[25] 赵一航, 王郁. 选择性合作: 长三角区域治理中的地方政府公共服务供给 [J]. 上海行政学院学报, 2022, 23 (4): 27-37.

[26] 刘志强. 长三角一体化发展的制度机制建设重点及路径 [J]. 经济纵横, 2021 (11): 83-89.

[27] 林玉妹, 林善浪. 区域一体化背景下跨区域产业协同发展研究:

以长三角地区为例 [J]. 中州学刊, 2022 (11): 34-40.

[28] 李金华. "十四五" 规划背景下长江经济带发展的政策、格局与路径 [J]. 财贸经济, 2022, 43 (4): 129-146.

[29] 李小玉, 邱信丰. 以数字经济产业协同促进长江中游城市群高质量发展研究 [J]. 经济纵横, 2022 (12): 41-49.

[30] 朱翔, 何甜, 戚伟, 等. 构筑中部地区高质量协调发展的新格局 [J]. 地理学报, 2022, 77 (12): 3194-3202.

[31] 曾刚, 曹贤忠, 朱贻文. 长江经济带城市协同发展格局与前景 [J]. 长江流域资源与环境, 2022, 31 (8): 1685-1693.

[32] 李旭辉, 李丽雅, 李敬明. 长江经济带五大发展理念实施绩效的动态测度 [J]. 统计与决策, 2022, 38 (12): 117-121.

[33] 李国平, 吕爽. 京津冀跨域治理和协同发展的重大政策实践 [J]. 经济地理, 2023, 43 (1): 26-33.

[34] 石敏俊, 孙艺文, 王琛, 等. 基于产业链空间网络的京津冀城市群功能协同分析 [J]. 地理研究, 2022, 41 (12): 3143-3163.

[35] 陆军, 毛文峰. 中国首都圈的综合发展能力和协同治理水平测度 [J]. 北京社会科学, 2022 (11): 34-45.

[36] 范海玉, 李汶卓. 京津冀交通一体化绿色发展的契机、困境与进路 [J]. 河北学刊, 2022, 42 (6): 141-148.

[37] 吕萍, 宋澜. 协同发展战略下京津冀住房市场的变化及调整建议 [J]. 河北学刊, 2022, 42 (6): 130-140.

[38] 陈浩, 罗力菲. 区域协同发展政策对要素流动与配置的影响: 京

津冀例证 [J]. 改革. 2023 (5)：105-123.

[39] 张冀, 史晓. 京津冀协同发展政策效果评估：以家庭经济风险为例 [J]. 北京社会科学, 2022 (10)：41-54.

[40] 张红, 孙艳艳, 苗润莲等. 京津冀集成电路产业协同创新发展路径研究 [J]. 中国科技论坛, 2022 (7)：129-139.

[41] 贺灿飞, 任卓然, 王文宇. "双循环" 新格局与京津冀高质量协同发展：基于价值链分工和要素流动视角 [J]. 地理学报, 2022, 77 (6)：1339-1358.

[42] 钟世川, 郑锐豪, 黄慧红. 粤港澳大湾区协调发展演化及收敛性分析 [J]. 统计与决策, 2023, 39 (5)：114-119.

[43] 霍炜黎, 宋玉祥. 粤港澳大湾区经济协调发展水平测度与影响因素分析 [J]. 经济纵横, 2023 (2)：102-110.

[44] 周子航, 施德浩, 王雨. 港深协同发展：香港北部都会区与前海合作区的跨界治理：基于新国家空间理论的考察 [J]. 城市发展研究, 2022, 29 (10)：1-11.

[45] 陈朋亲, 毛艳华. 澳门与珠海机场合作研究：基于旅客行为选择视角 [J]. 暨南学报（哲学社会科学版）, 2022, 44 (5)：56-68.

[46] 万晓琼, 王少龙. 数字经济对粤港澳大湾区高质量发展的驱动 [J]. 武汉大学学报（哲学社会科学版）, 2022, 75 (3)：115-23.

[47] 王佳宁, 罗重谱, 白静. 成渝城市群战略视野的区域中心城市辐射能力 [J]. 改革, 2016, (10)：14-25.

[48] 罗生全, 随国栋. 经济圈建设背景下高质量教育的发展逻辑与推

进路径 [J].西南大学学报（社会科学版），2022，48（6）：153-164.

[49] 苏斌，薛佳滢，颜利，等.成渝地区双城经济圈经济一体化研究：基于社会网络分析 [J].中国科技论坛，2021（12）：101-108.

[50] 文淑惠，陈灿.成渝城市群与珠三角城市群创新潜力比较及影响因素分析 [J].科技进步与对策，2019，36（9）：51-59.

[51] 马德功，杨陈晨，刘林昕.成渝构建区域金融中心比较研究 [J].社会科学研究，2012（4）：14-18.

[52] 高德友，赵欣，冉艺姣，等.本地高校助力成渝地区双城经济圈高质量发展的路径探究 [J].研究与发展管理，2022，34（6）：178-186.

[53] 田晓伟，彭小桂.高职院校教学质量如何影响毕业生就业质量：基于成渝地区双城经济圈的调查数据 [J].西南大学学报（社会科学版），2023，49（2）：172-184.

[54] 蔡文伯，赵志强，禹雪.成渝地区双城经济圈高等教育—科技创新—经济发展动态耦合协同研究 [J].西南大学学报（社会科学版），2022，48（1）：130-143.

[55] 吴茜.成渝地区双城经济圈高层次科技人才分布及流动模式探析 [J].中国科技论坛，2022（5）：119-125，135.

[56] 刘婉琪，任毅.成渝城市群人力资本效率的测度与评价：基于三阶段 DEA 的实证分析 [J].现代城市研究，2018，（5）：65-71.

[57] 黄静，唐迩丹.新生代农民工城市融入社会质量分析：问题聚焦和建设路径：以成渝地区为例 [J].农村经济，2017，（9）：116-120.

[58] 陆远权，张基斌，尹克寒，等.川渝区域一体化进程中产业转移

与人才流动的互动机制研究［J］.科技进步与对策,2012,29（9）：32-35.

［59］程明,肖华锋,花为,等.工程学科研究生"四协同"拔尖人才培养模式与实践［J］.学位与研究生教育,2020（10）：11-15.

［60］李湘黔,周德,林琳,等.国防科技工业协同创新人才培养模式研究［J］.科技进步与对策,2018,35（19）：103-108.

［61］李北群,华玉珠.行业特色高校协同人才培养模式改革：转型与路径［J］.江苏高教,2018（4）：22-25.

［62］张学敏,侯佛钢."内生-协同"发展方式下少数民族高层次应用型人才培养探索［J］.民族教育研究,2016,27（5）：31-37.

［63］张宝歌.地方高校人才培养协同创新机制研究：以牡丹江地区6所高校协作为例［J］.教育研究,2015,36（7）：142-149.

［64］卫洁,牛冲槐,陈怀超,等.基于科技型人才聚集的高等院校协同创新系统建模与仿真［J］.科技进步与对策,2019,36（13）：145-153.

［65］郑庆华."两交叉四融合"产教协同培养卓越工程人才［J］.高等工程教育研究,2022（5）：38-42.

［66］柴干,郭建华.新型交叉学科工程人才培养的协同模式探究［J］.东南大学学报（哲学社会科学版）,2019,21（S2）：137-141.

［67］李雪燕.创新型人才的成长特质与协同培养管理机制［J］.东南学术,2017（3）：88-93.

［68］梁雪松,郑雅萍.校企联盟培养"职业适应性"人才研究：协同教育理论的视角［J］.教育发展研究,2013,33（9）：59-63,73.

［69］曾建丽,刘兵,张跃胜.中国区域科技人才集聚与创新环境协同

度评价研究：基于速度状态与速度趋势动态视角 [J]. 大连理工大学学报（社会科学版），2022，43（1）：50-59.

[70] 唐朝永，牛冲槐. 协同创新网络、人才集聚效应与创新绩效关系研究 [J]. 科技进步与对策，2017，34（3）：134-139.

[71] 李健，高鹏程，谢衡. 产业协同集聚、人力资本流动与高技术产业创新 [J]. 统计与决策，2023，39（2）：179-184.

[72] 余长林，孟祥旭. "海归" 高管与中国数字产业技术创新 [J]. 吉林大学社会科学学报，2022，62（6）：127-145，234.

[73] 侯建，刘青. 数字经济时代下智能化、科技人力资源与产业转型升级 [J]. 研究与发展管理，2022，34（5）：123-135.

[74] 郭艳冰，胡立君. 人工智能、人力资本对产业结构升级的影响研究：来自中国 30 个省份的经验证据 [J]. 软科学，2022，36（5）：15-20.

[75] 陈俊杰，钟昌标. 融资模式、人力资本结构与区域创新 [J]. 统计与决策，2022，38（12）：150-153.

[76] 黄先海，虞柳明，袁逸铭. 工业机器人与企业创新：基于人力资本视角 [J]. 科学学研究：1-20.

[77] 何小钢，黄莹珊，朱国悦. 高质量人力资本与中国城市创新能力：来自高校扩招政策的证据 [J]. 当代财经，2022（10）：15-27.

[78] 杨永聪，沈晓娟，刘慧婷. 人才政策与城市产业结构转型升级：兼议 "抢人大战" 现象 [J]. 产业经济研究，2022（5）：72-85.

[79] 徐培，金泽虎，李静. 广聚英才能否助力地区产业升级：基于人才安居政策实施的准自然实验 [J]. 山西财经大学学报，2022，44（5）：57-69.

［80］李娟，杨晶晶，赖明勇.人才政策可以促进企业全要素生产率增长吗：基于地方政府人才治理视角的研究［J］.经济理论与经济管理，2022，42（9）：38-51.

［81］王欣亮，汪晓燕，刘飞.社会福利、人才落户与区域创新绩效：对"抢人大战"的再审视［J］.经济科学，2022（3）：65-78.

［82］乐菡，黄明，李元旭.地区"人才新政"能否提升创新绩效？基于出台新政城市的准自然实验［J］.经济管理，2021，43（12）：132-149.

［83］王朝科，吴家莉，刘泮.习近平总书记关于促进区域协调发展的若干重要论断［J］.上海经济研究，2023（2）：5-23.

［84］高海涛.协同育人视角下高校创新型人才培养路径探析：以新工科人才培养为例［J］.科学管理研究，2021，39（2）：124-128.

［85］龚放.整合与联动：打造长三角高等教育发展极［J］.教育发展研究，2004（1）：5-7.

［86］郭俊华，程聪慧，何军，何晓君，李祥太.基于熵权法的科技人才项目绩效评价研究：以上海市"浦江人才"计划为例［J］.科技进步与对策，2015，32（19）：119-125.

［87］郭显光.改进的熵值法及其在经济效益评价中的应用［J］.系统工程理论与实践，1998（12）：99-103.

［88］郭艳冰，胡立君.人工智能、人力资本对产业结构升级的影响研究：来自中国30个省份的经验证据［J］.软科学，2022，36（5）：15-20.

［89］韩慧，张旭红，周成.我国科技人力资源水平多维评价与时空差异研究［J］.经济纵横，2022（9）：56-63.

[90] 何伟军，李闻钦，邓明亮. 人力资本、绿色科技创新与长江经济带全要素碳排放效率 [J]. 科技进步与对策，2022，39 (9)：23-32.

[91] 何小钢，黄莹珊，朱国悦. 高质量人力资本与中国城市创新能力：来自高校扩招政策的证据 [J]. 当代财经，2022 (10)：15-27.

[92] 贺灿飞，任卓然，王文宇."双循环"新格局与京津冀高质量协同发展：基于价值链分工和要素流动视角 [J]. 地理学报，2022，77 (6)：1339-1358.

[93] 侯建，刘青. 数字经济时代下智能化、科技人力资源与产业转型升级 [J]. 研究与发展管理，2022，34 (5)：123-135.

[94] 黄静，唐迩丹. 新生代农民工城市融入社会质量分析：问题聚焦和建设路径：以成渝地区为例 [J]. 农村经济，2017 (9)：116-120.

[95] 黄先海，虞柳明，袁逸铭. 工业机器人与企业创新：基于人力资本视角 [J]. 科学学研究：1-20.

[96] 冀强，巴森达西. 中国产业结构与就业结构协调度的时空分布研究 [J]. 河南社会科学，2020，28 (11)：103-114.

[97] 蒋华林. 推动成渝地区双城经济圈高等教育一体化发展的思考 [J]. 重庆高教研究，2020 (4)：58-70.

[98] 金丽赟. 从京津冀实践看浙江如何推动长三角人才协同发展 [J]. 政策瞭望，2019 (2)：36-37.

[99] 谨素静，钟若愚. 城市人才发展环境指数构建及区域差异比较 [J]. 统计与决策，2022，38 (19)：31-35.

[100] 李北群，华玉珠. 行业特色高校协同人才培养模式改革：转型

与路径［J］.江苏高教,2018,(4):22-25.

［101］李健,高鹏程,谢衡.产业协同集聚、人力资本流动与高技术产业创新［J］.统计与决策,2023,39（2）:179-184.

［102］李鹏虎.粤港澳大湾区高等教育一体化发展:基础、难点及突破［J］.世界教育信息,2022,35（9）:7-13.

［103］李湘黔,周德,林琳,等.国防科技工业协同创新人才培养模式研究［J］.科技进步与对策,2018,35（19）:103-108.

［104］李小玉,邱信丰.以数字经济产业协同促进长江中游城市群高质量发展研究［J］.经济纵横,2022,(12):41-49.

［105］李欣,李娜.我国高端人才发展状况与创新能力评估研究［J］.科学管理研究,2015,33（6）:81-84.

［106］李学,张勤.区域教育一体化改革:内涵、动因与路径［J］.现代教育管理,2013（12）:38-42.

［107］李雪燕.创新型人才的成长特质与协同培养管理机制［J］.东南学术,2017（3）:88-93.

［108］李艳,李海.粤港澳大湾区国际教育示范区建设:现实问题与发展策略［J］.宁波教育学院学报,2022,24（3）:79-82.

［109］梁雪松,郑雅萍.校企联盟培养"职业适应性"人才研究:协同教育理论的视角［J］.教育发展研究,2013,33（9）:59-63,73.

［110］林玉妹,林善浪.区域一体化背景下跨区域产业协同发展研究:以长三角地区为例［J］.中州学刊,2022（11）:34-40.

［111］刘爱玲,褚欣维.博洛尼亚进程20年:欧盟高等教育一体化过

程、经验与趋势［J］.首都师范大学学报（社会科学版），2019（3）：160-170.

［112］刘明，王燕芳.金融业与制造业高质量耦合协同发展：机制、测度与影响因素［J］.上海经济研究，2022（12）：93-112.

［113］刘婉琪，任毅.成渝城市群人力资本效率的测度与评价：基于三阶段 DEA 的实证分析［J］.现代城市研究，2018，（5）：65-71.

［114］刘晏冰，韩宝龙，刘晶茹，等.我国城市人与自然耦合系统的协调度［J］.生态学报，2021，41（14）：5578-5585.

［115］刘云菲，李红梅，马宏阳.中国农垦农业现代化水平评价研究：基于熵值法与 TOPSIS 方法［J］.农业经济问题，2021（2）：107-116.

［116］刘志强.长三角一体化发展的制度机制建设重点及路径［J］.经济纵横，2021（11）：83-89.

［117］刘佐菁，陈杰，苏榕.广东省科技人才竞争力评价与提升策略［J］.科技管理研究，2018，38（22）：134-141.

［118］陆军，毛文峰.中国首都圈的综合发展能力和协同治理水平测度［J］.北京社会科学，2022，235（11）：34-45.

［119］陆远权，张基斌，尹克寒.川渝区域一体化进程中产业转移与人才流动的互动机制研究［J］.科技进步与对策，2012，29（9）：32-35.

［120］逯进，李婷婷.产业结构升级、技术创新与绿色全要素生产率：基于异质性视角的研究［J］.中国人口科学，2021（4）：86-97，128.

［121］罗生全，随国栋.经济圈建设背景下高质量教育的发展逻辑与推进路径［J］.西南大学学报（社会科学版），2022，48（6）：153-164.

[122] 吕萍，宋澜.协同发展战略下京津冀住房市场的变化及调整建议 [J].河北学刊，2022，42（6）：130-140.

[123] 马德功，杨陈晨，刘林昕.成渝构建区域金融中心比较研究 [J].社会科学研究，2012，201（4）：14-18.

[124] 欧阳峣，易思维.新式教育、人力资本与中国近代产业升级 [J].中国经济史研究，2021，158（6）：76-89.

[125] 彭红玉，张应强.美国州际高等教育协调与合作机制及其启示 [J].高等教育研究，2012（4）：99-104.

[126] 齐艳杰，薛彦华.京津冀高等教育一体化进程对策研究 [J].北京师范大学学报（社会科学版），2017（2）：15-20.

[127] 钱晨，吕宏芬.长江经济带产业升级的人力资本条件灰关联分析 [J].社会科学战线，2016，249（3）：58-63.

[128] 乔锦忠，汤亭，沈敬轩.2013—2018年高层次人才吸引力的区域比较研究 [J].教育经济评论，2021，6（6）：84-108.

[129] 沈中健，王金岩，杨可扬，刘骏阳.山东省新型城镇化与低碳发展的耦合协调研究 [J].城市问题，2022（11）：94-103.

[130] 石畅.长三角一体化的新使命 [N].人民日报海外版，2020-08-24（001）.

[131] 石敏俊，孙艺文，王琛，等.基于产业链空间网络的京津冀城市群功能协同分析 [J].地理研究，2022，41（12）：3143-3163.

[132] 舒尔茨.人力资本投资：教育和研究的作用 [M].北京：商务印书馆，1990年8月。

［133］司江伟，韩晓静，沈克正. 山东省人才竞争力评价体系的构建与实例测算［J］. 统计与决策，2017（2）：100-103.

［134］苏立宁，廖求宁. "长三角"经济区地方政府人才政策：差异与共性：基于 2006—2017 年的政策文本［J］. 华东经济管理，2019，33（7）：27-33.

［135］锁利铭. 区域战略升级与府际横向协作之间的长周期多重交互：面向成渝地区的三阶段纵向分析［J］. 理论探讨，2022（4）：64-74.

［136］谭颖芳. 美国区域高等教育生态的共生范式：以加州公立高等教育系统为例［J］. 江苏高教，2014（3）：30-33..

［137］谭志雄，邱云淑，李后建，等. 高铁开通、人才流动对区域创新的影响及作用机制［J］. 中国人口·资源与环境，2022，32（8）：128-139.

［138］唐朝永，牛冲槐. 协同创新网络、人才集聚效应与创新绩效关系研究［J］. 科技进步与对策，2017，34（3）：134-139.

［139］唐健飞，刘剑玲. 省域农业可持续发展水平评价及其耦合协调分析：以长江经济带 11 省市为例［J］. 经济地理，2022，42（12）：179-185.

［140］万晓琼，王少龙. 数字经济对粤港澳大湾区高质量发展的驱动［J］. 武汉大学学报（哲学社会科学版），2022，75（3）：115-123.

［141］汪梦，赵曙明. 中国人才管理研究的热点与趋势分析（1979—2022）［J］. 四川大学学报（哲学社会科学版），2023（1）：173-185，200.

［142］汪永生，李宇航，揭晓蒙，等. 中国海洋科技-经济-环境系统耦合协调的时空演化［J］. 中国人口·资源与环境，2020，30（8）：168-176.

［143］王波，刘卫东.第一书记对农业产业链融资的影响研究［J］.东岳论丛，2021，42（8）：74-81.

［144］王聪，周立群，朱先奇.基于人才聚集效应的区域协同创新网络研究［J］.科研管理，2017，38（11）：27-37.

［145］王蓉，黄桂田.人力资本结构高级化、结构匹配与制造业生产效率提升［J］.统计与决策，2022，38（11）：88-92.

［146］王馨，陈妮，赵雅雯.基于熵权 TOPSIS 法的企业创新型技术人才价值评价［J］.东北大学学报（自然科学版），2020，41（12）：1788-1793.

［147］王阳，赵海珠.就业结构与产业结构失衡问题研究［J］.中国人口科学，2022（2）：74-85，127.

［148］卫洁，牛冲槐，陈怀超.基于科技型人才聚集的高等院校协同创新系统建模与仿真［J］.科技进步与对策，2019，36（13）：145-153.

［149］卫平，任安然，李健.中国产业结构和就业结构的关系研究：基于协调性和冲击性视角分析［J］.经济问题探索，2015（11）：54-62.

［150］温旭新，杨怀佳，张波.生态功能区经济发展的现实约束与优化路径：以山西沿黄地区为例［J］.经济问题，2022（12）：106-111.

［151］文淑惠，陈灿.成渝城市群与珠三角城市群创新潜力比较及影响因素分析［J］.科技进步与对策，2019，36（9）：51-59.

［152］吴茜.成渝地区双城经济圈高层次科技人才分布及流动模式探析［J］.中国科技论坛，2022（5）：119-125.

［153］吴颖，崔玉平.长三角区域高等教育一体化的演进历程与动力

机制 [J]. 高等教育研究, 2020 (1): 25-36.

[154] 萧鸣政, 张睿超. 区域人才开发指数的实证研究: 基于广东省的样本调查与分析 [J]. 科技管理研究, 2022, 42 (7): 79-86.

[155] 萧鸣政, 朱玉慧兰. 区域人才发展环境指数研究: 基于广东省21个地市的调查样本 [J]. 行政论坛, 2022, 29 (3): 131-138.

[156] 熊兴, 余兴厚, 陈伟. 三峡库区公共服务水平的空间差异 [J]. 技术经济, 2016, 35 (8): 99-105.

[157] 徐培, 金泽虎, 李静. 广聚英才能否助力地区产业升级: 基于人才安居政策实施的准自然实验 [J]. 山西财经大学学报, 2022, 44 (5): 57-69.

[158] 薛畅, 何青, 张策. 银行业的跨地联通与区域协同发展 [J]. 系统工程理论与实践, 2023, 43 (1): 1-19.

[159] 杨凤英, 殷必轩. 美国高等教育跨州区域协作的达成: 高等教育州际协作组织活动的视角 [J]. 山东高等教育, 2013, 1 (1): 68-75.

[160] 杨继瑞, 周莉. 基于合作之竞争博弈的成渝地区双城经济圈良性关系重构 [J]. 社会科学研究, 2021 (4): 100-109.

[161] 杨永聪, 沈晓娟, 刘慧婷. 人才政策与城市产业结构转型升级: 兼议"抢人大战"现象 [J]. 产业经济研究, 2022 (5): 72-85.

[162] 姚建建, 门金来. 中国区域经济-科技创新-科技人才耦合协调发展及时空演化研究 [J]. 干旱区资源与环境, 2020, 34 (5): 28-36.

[163] 姚树洁, 刘锁. 促进区域经济均衡增长, 构建"双循环"新发展格局: 基于成渝地区双城经济圈建设视角 [J]. 陕西师范大学学报(哲

学社会科学版），2021，50（5）：150-164.

[164] 尹鹏，王富喜，段佩利. 中国基本公共服务效率与城镇化质量的时空耦合关系研究［J］. 地理科学，2021，41（4）：571-579.

[165] 余维新，顾新，熊文明. 产学研知识分工协同理论与实证研究［J］. 科学学研究，2017，35（5）：737-745.

[166] 余长林，孟祥旭. "海归"高管与中国数字产业技术创新［J］. 吉林大学社会科学学报，2022，62（6）：127-145，234.

[167] 袁晶，张珏. 长三角区域高等教育一体化发展：动因、内涵与机制创新［J］. 中国高教研究，2019（7）：33-38.

[168] 袁胜超，吕翠翠. 地方政府合作与地区资源配置效率［J］. 当代财经，2022（9）：3-14.

[169] 张宝歌. 地方高校人才培养协同创新机制研究：以牡丹江地区6所高校协作为例［J］. 教育研究，2015，36（7）：142-149.

[170] 张春海，孙健，刘长花. 我国科技人才开发水平的测度研究：基于内地31省（市、自治区）的 TOPSIS 模型测算［J］. 科技进步与对策，2012，29（12）：137-140.

[171] 张红，孙艳艳，苗润莲，等. 京津冀集成电路产业协同创新发展路径研究［J］. 中国科技论坛，2022（7）：129-139.

[172] 张冀，史晓. 京津冀协同发展政策效果评估：以家庭经济风险为例［J］. 北京社会科学，2022（10）：41-54.

[173] 张薇薇，赵静杰. 协同创新中人才资源共享模式与创新绩效研究［J］. 科学管理研究，2019，37（5）：143-147.

［174］张学敏，侯佛钢. "内生-协同"发展方式下少数民族高层次应用型人才培养探索［J］. 民族教育研究，2016，27（5）：31-37.

［175］张学敏，姚姿臣. 成渝地区双城经济圈高等教育"同城化"空间整合研究［J］. 中国高教研究，2022（10）：89-95.

［176］张亚，王世龙. 高校服务京津冀协同发展的路径研究：以新发展理念为分析视角［J］. 国家教育行政学院学报，2020（1）：51-56.

［177］张永安，马昱. 基于熵权 TOPSIS 法的区域技术创新政策评价研究［J］. 科技管理研究，2017，37（6）：92-97.

［178］张卓群，王菡，单菁菁. 黄河流域城市人与自然耦合协调状况及影响因素［J］. 城市问题，2022（12）：19-29.

［179］赵庚，刘兵. 京津冀科技人才政策比较研究：从扶持走向服务［J］. 人民论坛，2016（11）：232-234.

［180］赵会杰，于法稳. 基于熵值法的粮食主产区农业绿色发展水平评价［J］. 改革，2019（11）：136-146.

［181］赵全军，季浩，Wang Wei. 政策创新与制定失灵：基于"人才争夺战"的场景分析［J］. 浙江社会科学，2021（11）：45-52，157.

［182］赵一航，王郁. 选择性合作：长三角区域治理中的地方政府公共服务供给［J］. 上海行政学院学报，2022，23（4）：27-37.

［183］郑庆华. "两交叉四融合"产教协同培养卓越工程人才［J］. 高等工程教育研究，2022（5）：38-42.

［184］周璇，陶长琪. 水平式知识溢出、技术嵌入式创新与产业结构协调化：以我国制造业为例［J］. 科研管理，2021，42（7）：126-136.

[185] 周仲高, 游霭琼, 徐渊. 粤港澳大湾区人才协同发展的理论构建与推进策略 [J]. 广东社会科学, 2019 (6): 91-101.

[186] 周子航, 施德浩, 王雨. 港深协同发展: 香港北部都会区与前海合作区的跨界治理: 基于新国家空间理论的考察 [J]. 城市发展研究, 2022, 29 (10): 1-11.

[187] 朱蓓倩, 高向东. 上海科技人力资源配置与耦合协调度研究 [J]. 科技进步与对策, 2016, 33 (5): 139-143.

[188] 朱晨, 刘晓鸥, 连大祥. 公共医疗保险对中国劳动者就业及收入的影响 [J]. 经济理论与经济管理, 2017 (5): 78-89.

[189] 朱建成, 王鲜萍. 粤港澳高等教育一体化研究 [J]. 战略决策研究, 2011 (3): 69-85.

[190] 朱翔, 何甜, 戚伟, 等. 构筑中部地区高质量协调发展的新格局 [J]. 地理学报, 2022, 77 (12): 3194-3202.

[191] 朱志伟. 迈向包容性协同: 长三角公共服务一体化的范式选择与发展趋向 [J]. 苏州大学学报 (哲学社会科学版), 2021, 42 (5): 51-59.

[192] Knight J. A Conceptual Framework for the Regionalization of Higher Education: Application to Asia [J]. Palgrave Macmillan US, 2012: 17-35.

[193] Vögtle, Martens. The Bologna Process as a template for transnational policy coordination [J]. Policy studies, Volume35, /ssue3. 2014. pp246-263.